Ausone

La Moselle
et autres poèmes

Traduit par
E.-F. CORPET

NOTICE
SUR AUSONE
ET SUR SES ÉCRITS

Toute la vie d'Ausone est dans ses écrits. Au temps d'Ausone, la poésie était morte[1]: toutes les sources des grandes et belles inspirations de la verve païenne étaient taries. Homme d'esprit et versificateur habile, Ausone se servit de sa muse au profit de son ambition. Il parvint, grâce à elle, aux premières dignités de l'État, et après avoir assuré ainsi sa fortune présente, il voulut assurer sa renommée à venir. Il chanta sa gloire, ses honneurs, ses richesses!; il se proposa hardiment comme un modèle à son fils et à son petit-fils[2]!; il réveilla les mânes de son aïeul, de son père, de ses professeurs de ses amis, pour leur apprendre qu'il avait été consul[3]!; il fit redire à l'hexamètre jusqu'à la date de son consulat[4]!; prêt à rendre l'âme, *propre conclamatus*[5], il balbutiait encore en mauvais vers à l'oreille de Syagrius, son ami, un orgueilleux résumé de sa vie entière[6]. Grâce aux indiscrétions de cette vanité déjà gasconne, nous possédons de curieux documents sur ce poète, sur ses travaux, sur ses actes!; et c'est à l'aide des secours qu'il fournit lui-même, et qu'il fournit seul, que nous allons essayer de recomposer son histoire.

---

[1] «!Où était l'enthousiasme au temps d'Ausone!? qu'avait-on à dire et que chanter!?!» (M.J.-J. Ampère, *Histoire littéraire de la France avant le XIIe siècle*, t.!I, p.!258).
[2] *Epigr. quatuor de Fast.*, I, 9!; *Edyll.*, IV, 93.
[3] *Parental*, et *Profess passim.*
[4] *Epigr. quatuor de Fast*, II, III et IV.
[5] *Edyll.*, V, 15.
[6] *Præfat.*, II.

En 267, au temps où les lieutenants de Gallien, dans les Gaules, se disputaient un pouvoir usurpé!; où, débarrassé, par la mort de Postumus et de Lollianus, d'un chef et d'un rival, Victorinus demeura seul maître de l'empire, un vieux Gaulois, Argicius[7], d'une famille noble et riche du pays des *Ædui*[8], forcé de fuir la proscription, se réfugia avec son fils, Cécilius Argicius Arborius, au midi de la Gaule, dans une ville de l'Aquitaine nommée *Aquæ Tarbellæ* ou *Tarbellicæ*[9]. Ils ne restèrent pas longtemps seuls et sans famille dans ce pays inconnu. Cécilius épousa une pauvre fille, Émilia Corinthia, qu'on avait surnommée *la Maure*, à cause de la noirceur de son teint basané. A force de travail et d'économie, les deux époux amassèrent bientôt une modeste aisance, due surtout à Cécilius, qui se livrait en secret et avec profit à l'étude des mathématiques et de l'astrologie[10]. Ils eurent quatre enfants!: un fils, Émilius Magnus Arborius, et trois filles, Émilia Hilaria, Émilia Dryadia, et Émilia Éonia. Émilius Magnus Arboris se maria de bonne heure à une fille noble et riche de Toulouse, où il professa quelques temps la rhétorique!; il plaida ensuite avec éclat dans la Narbonnaise, la Novempopulanie et l'Espagne!; puis il passa à Constantinople, où, après avoir donné des leçons à un César, un des fils de Constantin sans doute, il mourut dans l'opulence, à l'age de trente ans[11]. Émilia Hilaria, ou plutôt Hilarius, car c'est le nom que par plaisanterie on lui avait donné au berceau à cause de sa pétulance et de sa vivacité un peu mâles, garda son naturel et ses goûts virils toute sa vie!: vouée à une virginité perpétuelle, elle s'adonna à l'exercice de la médecine, et mourut à soixante-trois ans[12]. Émilia Dryadia mourut

---

[7] *Profess.*, XVI, 6.
[8] Les Éduens. *Parent.*, IV, 3 et sq.
[9] *Præfat.*, II, 6.
[10] «!La profession d'astrologue, de devin ou de sorcier était si productive, qu'une foule de personnes instruites et dignes d'une meilleure vie l'embrassaient avec confiance!; aussi n'existait-il pas un bourg, pas un village qui n'eût son devin.!» (M. A. Beugnot, *Histoire de la destruction du paganisme en Occident*, t.!I, p.!243).
[11] *Parent.*, IV, et *Profess.*, XVI. — Les Bénédictins (*Histoire littéraire de la France*, t.!I, 2ᵉ partie, p.!97 et 98) le font naître vers 270, et mourir vers 335!; il aurait ainsi vécu soixante à soixante-cinq ans, Ausone dit clairement (*Parent.*, IV, 25) qu'il mourut à trente ans!: *Amissum flesti post trina decennia natum*.
[12] *Parent.*, VI.

jeune, au moment de se marier[13]. Émilia Éonia épousa Julius Ausonius, jeune médecin, né à *Vasates* (Bazas), et qui était venu s'établir à Bordeaux, où il ne tarda pas à se faire une brillante réputation par la noblesse de son caractère et ses vastes et solides connaissances[14]. C'était un homme d'un très-grand mérite et d'une rare vertu, et, «!s'il était semblable, comme dit Bayle[15], au portrait que son fils en a laissé, c'était un reste du siècle d'or!». Il était le premier médecin de son temps[16]!; content d'un modique revenu, il ne profita ni de son savoir dans l'art de la médecine, ni de la considération que ses lumières lui avaient acquise, pour s'enrichir ou s'élever. Il donnait gratuitement ses soins aux malades, et n'accepta que de nom seulement les fonctions de curiale et de préfet qu'on lui imposa dans la suite[17]. La principale étude, la seule ambition de toute sa vie, fut l'application constante à chacune de ses actions des préceptes de la philosophie. Ses prophètes, à lui, étaient les sept Sages de la Grèce[18]!; et c'est un spec-

---

[13] *Parent.*, XXV.

[14] Il est à remarquer qu'Ausone ne dit rien de l'origine de Julius Ausonius son père!; c'est que sans doute la famille de Julius n'était recommandable ni pour son opulence, ni par la noblesse de son rang, ni peut-être même par la noblesse de ses mœurs et de sa conduite. Il est permis de le supposer, du moins, en lisant les souvenirs que le poète a consacrés à la mémoire de ses oncles et de ses tantes paternels. Cl. Contentus courait le monde en faisant le négoce, et mourut jeune encore en Bretagne, où il avait amassé de grands biens par son trafic. Julius Calippio vécut fort vieux, et fort gueux, à ce qu'il paraît!: c'était un mangeur (*Parent.*, VII.). Ausone regrette beaucoup l'héritage du premier, qu'il ne put recueillir, et la voracité du second qui ne lui laissa rien!; Il aimait mieux sa tante Julia Cataphronia, vielle fille avare, qui lui légua le peu qu'elle possédait (*Parent.*, XXVI). Bayle (*Dictionnaire historique*, art. *Ausone*, note D et note F) et les Bénédictins (*Hist. Littér.*, t.!I, part. II, p.!216) ont fait de cette Cataphronia une religieuse!: Ausone dit seulement qu'elle avait fait vœu de virginité!: ce qui ne prouve même pas qu'elle fut chrétienne. Quand à Julia Veneria, son autre tante, il est certain que ce n'était pas une sainte!: son nom, celui qu'elle donna à sa fille, Julia Idalia, qui, selon le poète, était une petite Vénus (*Parent.*, XXVII et XXVIII), enfin sa mort prématurée, tout laisse à penser qu'elle mena, comme son frère Calippio, bonne et joyeuse vie.

[15] *Dictionn. Hist.*, art. *Ausone*, note (A).

[16] A en croire Sealiger et les Bénédictins, il aurait été le médecin de l'empereur Valentinien 1er!; mais aucun texte d'Ausone ne confirme cette supposition.

[17] *Edyll.*, II, 5, II, 52.

[18] *Parent.*, I, II.

tacle curieux, au milieu de ce quatrième siècle, où retentissaient partout les prédications de l'Évangile, que de voir ce païen stoïque[19], fidèle à ses vielles croyances, sans peut-être fermer tout à fait l'oreille aux leçons nouvelles de la morale chrétienne, écouter encore la voix de la sagesse antique. Éonia était en tout digne de lui!; elle avait toutes les vertus d'une chaste épouse et toutes les qualités d'une bonne mère[20]!; et pendant quarante-cinq ans que dura leur union rien n'en troubla jamais la concorde et la foi[21]. Quatre enfants sortirent de ce mariage!; Émilia Melania, qui mourut âgée d'un an[22]!; Ausone, le poète!; Julia Dryadia, qui vécut soixante ans!: elle avait épousé un sénateur de Bordeaux, Pomponius Maximus, qui la lassa veuve de bonne heure[23]!; et enfin Avitianus, qui étudiait la médecine, et promettait de marcher dignement sur les traces de son père, quand la mort le surprit à la fleur de l'âge[24].

D. Magnus Ausonius[25] naquit à Bordeaux vers l'an 309[26], quelque temps avant la mort de sa jeune sœur Émilia Melania[27], premier enfant

---

[19] Les auteurs de l'*Histoire littéraire* prétendent qu'il était chrétien mais cela sans aucun fondement!: Ausone, qui note avec une complaisance toute filiale chacune des vertus de son père, n'aurait pas oublié sa qualité de chrétien, et il n'en dit pas un mot.

[20] *Parent.*, II.

[21] *Edyll.*, II, 37.

[22] *Parent.*, XXIX.

[23] *Parent.*, XII.

[24] *Parent.*, XIII.

[25] Nous laissons à Ausone les deux prénoms D. (Decius ou Decimus) Magnus, que lui donnent ses derniers éditeurs, d'après un manuscrit de Tilius (Souchay, *Dissert. de vita et script. Ausonii*, p.!xj, en tête de l'édition d'Ausone *ad usum Dephini*), bien qu'on ne trouve dans ses œuvres, ainsi que dans Symmaque et Sidoine Apollinaire, et dans un manuscrit de Lyon beaucoup plus ancien que celui de Tilius, que le nom d'*Ausonius*. D'après les auteurs de l'*Histoire littéraire* (T.!1, 2ᵉ part., p.!281), le prénom de Décius ou Decimus ne lui sera venu que de l'erreur de ceux qui, le prenant pour S. Ausone, premier évêque d'Angoulême, comme Trithème (*Script. Eccl.*, c. 114), l'auront cité avec un D. majuscule, ce qui ne signifiait que *Divus*. Quant au prénom de *Magnus*, on pense (Souchay, *ibid.*, p.!xij) qu'il a pu lui venir de son oncle Émilius Magnus Arborius. Ses premiers éditeurs lui ont donné le surnom de *Pœonius*, formé du nom de *Pœon*, médecin des dieux dans l'*Iliade*, parce qu'ils le confondaient avec Julius Ausonius son père.

de Julius. La famille reporta toute son affection sur le nouveau-né, et l'entoura de soins et d'amour. Corinthia la Maure, son aïeule, dirigea ses premiers pas avec une sévérité mêlée de douceur[28]. Sa tante Hilarius, docteur mûri par l'expérience, lui donnait de sages conseils[29], et sa jeune tante Dryadia, qui espérait un mari, essayait sur ce jeune neveu son apprentissage de mère[30]. Son aïeul Cécilius, l'astrologue, voulut tirer son horoscope!; mais, à cause des lois sévères prononcées contre ces opérations divinatoires, il le tint caché, et ce fut la mère d'Ausone qui parvint à découvrir ce secret dans la suite[31]. Bon vieillard!! qui allait lire dans les astres ce que tout le monde pouvait lire dans Juvénal!; car il paraît que l'étoile avait promis une destinée brillante, et qu'elle était d'accord avec ces vers du satirique!:

*Si fortuna vole*t
.............*fies de rhetore consul*[32];

Prédiction qui s'accomplit à la lettre.

Arborius, oncle d'Ausone, et qui sans doute connaissait son Juvénal, se chargea de l'éducation de cet enfant. C'était alors le bon temps pour les rhéteurs. Arborius, qui venait d'entrer avec succès et avec éclats dans la carrière, voulut y lancer aussi son neveu. Charmé de ses dispositions naturelles et de sa précoce intelligence[33], il le confia, sous

---

[26] D'après les calculs des auteurs de l'*Histoire littéraire*, — Bordeaux a voulu conserver dans ses murs un souvenir de son poète!; une rue de cette ville porte son nom.

[27] *Vix nota mihi soror*, dit Ausone, *Parent.*, XXIX, I.

[28] *Parent.*, V, 9.

[29] *Parent.*, VI, II.

[30] *Parent.*, XXV, 9.

[31] *Parent.*, IV, 19 et suiv.

[32] Juvénal, *Sat.* VII, 197!; ou, comme dit Boileau (*Sat.* I, 63), avec un léger changement nécessaire en son temps comme au nôtre!:

        Le sort burlesque, en ce siècle de fer,
        D'un pédant, quand il veut, sait faire un duc et pair.

Un rhéteur cité par Pline Le Jeune (Pline, liv. IV, lett.!II), et son contemporain, Val. Licinianus, a dit à peu près comme Juvénal!: *Quos tibi, fortuna, ludos facis!! facis enim ex professoribus senatores, etc.*

[33] *Parent.*, III, 19.

sa direction aux plus célèbres professeurs de Bordeaux. Le grammairien Macrinus lui apprit les premiers éléments de la langue latine[34], et les grammairiens grecs Corinthius et Sperchius furent choisis pour lui enseigner le langage de leurs *muses attiques*[35]; mais ce langage eut pour lui peu d'attraits et le rebuta bientôt, quoique son père parla le grec avec plus de facilité que la langue latine[36]. De l'étude de la grammaire, il passa celle de l'éloquence. Il suivit les leçons du rhéteur Luciolus, qui avait été son condisciple[37]!; de Staphylius, autre rhéteur, né à *Ausci* (Auch), qui eut pour lui la tendresse d'un père[38]!; celles enfin de l'orateur Tiberius Victor Minervius, le Démosthène et le Quintilien de l'époque[39]. Il fit de rapides progrès sous ces illustres maîtres. Arborius, qui était allé enseigner la rhétorique à Toulouse, l'appela enfin près de lui, et Ausone acheva dans cette ville, à l'école et sous les yeux de son oncle, le cours de cette riche et brillante éducation.

Une belle carrière s'ouvrait devant le jeune élève d'Arborius. La plupart des rhéteurs étaient alors avocats, historiens et poètes. Encouragé par les éloges de son oncle qui l'appelait avec complaisance l'espoir et l'orgueil de sa famille[40], Ausone voulut atteindre à toutes ces gloires. Il essaya de plaider devant les tribunaux[41]!; mais soit que son éloquence novice encore n'ait pas eu tout le succès qu'il avait rêvé, soit que l'honneur de porter la férule, ce *sceptre de l'école*, comme il l'appelle après Martial[42], le flattât davantage, il négligea le forum, et se fit professeur. Il vint à Bordeaux enseigner la grammaire, et il sur-

---

[34] *Profess.*, X, 15.

[35] *Profess.*, VIII, 10.

[36] *Edyll.*, II, 9 et 10. Ausone a cependant écrit en grec. Voir *Epigr.*, XXVIII, XXIX, XXXI, XXXII, XL, LXXXVIII!; *Epist.*, XII, XIII et XIV.

[37] *Profess.*, III, I.

[38] *Profess.*, XX, 15.

[39] *Profess.*, I, II et 12

[40] *Parent.*, III, 21.

[41] *Præfat.*, II, 17.

[42] *Edyll.*, IV, 29!; Martial, lib. X, epigr. LXII, 10.

passa bientôt à ce métier tous ses collègues[43], dont plusieurs, tels que Leontius et Jucundus[44], avaient été les compagnons de ses études.

C'est probablement à cette époque qu'il se maria. Sa femme, Attusia Lucana Sabina, était d'une des plus nobles et des plus anciennes familles de Bordeaux[45]. Elle était fille du sénateur Attusius Lucanus Talisius, homme grave, ami de la retraite et de la vie des champs[46], qu'une certaine conformité de penchants et d'humeurs avait sans doute rapproché de Julius Ausonius. Talisius avait depuis longtemps destiné sa fille à Ausone!; mais il mourut avant leur mariage[47]. Sabina, que distinguait sa beauté non moins que sa noblesse, fut enlevée à son mari à vingt-huit ans[48]. Ausone resta veuf toute sa vie. Il avait eu trois enfants!; mais le premier, nommé comme lui Ausonius, était mort tout jeune pendant leur mariage[49]. Les deux autres survécurent à Sabina!; c'étaient!: Hesperius, qui parvint, comme nous le verrons, aux premières dignité de l'empire!; et une fille qu'Ausone ne nomme pas, quoiqu'il en parle plusieurs fois. Elle épousa en premières noces Val. Latinus Euronius, ou plutôt Euromius, issu d'une antique noblesse, et qui mourut jeune après avoir été préfet d'Illyrie[50], et en secondes noces, Thalassius, qui fut proconsul d'Afrique[51].

Les mérites et les succès de ses leçons de grammairien l'appelèrent rapidement aux fonctions de rhéteur. Il professa ainsi trente ans[52], et il forma sans doute plus d'un brillant élève. «!Ausone,

---

[43] *Præfat.*, II, 21.

[44] *Profess.*, VII, 13!; IX, 3.

[45] *Parent.*, IX, 5.

[46] *Parent.*, VIII, 7.

[47] *Ibid.*, II et 12

[48] *Parent.*, IX, 23 et suiv.

[49] *Parent.*, X.

[50] *Parent.*, XIV.

[51] Symmaque, liv. I, lett.!25. Vinet et Scaliger ne font qu'un même personnage d'Euromius et de Thalassius, et ne donnent qu'un gendre à Ausone. Tillemont, le premier, a prouvé qu'il en avait eu deux. Voir la note I de la pièce XIV de *Parentales*.

[52] *Præefat.*, II, 23. — M. J.-J. Ampère (*Hist. littér.*, t.!I, p.!235) dit qu'il faut placer pendant cet intervalle la composition des tours de force, des jeux d'esprit, des épitaphes des héros d'Homère. Mais tous ces écrits sont d'une date bien postérieure!;

disent le Bénédictins[53], ne fut pas moins heureux en disciples qu'en enfants.!» Cependant deux de ces disciples lui causèrent de vifs chagrins!: l'un Pomponius Maximus Herculanus, fils de sa sœur doué d'un rare assemblage de qualités éminentes, mourut de débauche dans sa jeunesse[54], au moment de succéder à Ausone dans sa chaire de grammairien. L'autre, Pontius Meropius Paulinus, fils d'un ami de son père, et qui fut depuis saint Paulin, l'abandonna dans sa vieillesse pour renoncer au monde et se convertir. Ausone ne s'en consola jamais[55].

Il en est un troisième, le plus illustre de tous, qui sut rester en même temps fidèle à l'Église et à son vieux maître. L'empereur Valentinien Ier, qui avait associé déjà son frère Valens à l'empire, voulut aussi assurer la couronne à Gratien, son fils. Il le déclara Auguste à Amiens en 367. Gratien avait huit ans. Les empereurs alors commençaient de bonne heure et finissaient de même!: leur éducation devait donc se faire vite et bien. Parmi les professeurs renommés des écoles gauloises, Ausone tenait le premier rang. Ses talents, son savoir, son expérience et sa célébrité, tout le désignait au choix de l'empereur. Valentinien l'appela donc à la cour, qui était à Trèves, et le chargea de l'éducation littéraire du jeune Auguste. Un tel choix, une telle préférence étaient bien faits pour flatter l'amour propre du rhéteur, devenu tout à coup le précepteur d'un prince, comme Sénèque, Fronton, Titianus et Lactance, comme Arborius son oncle, son maître et son modèle. Aussi, de ce moment, grâce à cette faveur, sa fortune va prendre une face nouvelle, et sa muse, jusque-là pédante et routinière, trouvera de temps à autre, dans les inspirations de la vanité et de l'ambition, plus d'originalité, de verve et d'éclat.

Ausone arrive à la cour!: la cour est chrétienne!; Ausone sera chrétien. La Pâque était proche!: Ausone chante la Pâque, et fait sa profession de foi. Mais cette foi n'est point aveugle en sa ferveur!; il laisse aux prêtres le jeûne et les dévotes pratiques, il renferme son culte dans son cœur!: Ausone connaît l'esprit de Valentinien, chrétien

---

M. Ampère pourra s'en convaincre en lisant les préfaces et les épîtres qui les précèdent.

[53] *Histoire littéraire*, t.!I, 2ᵉ partie, p.!282.
[54] *Parent.*, XVII, et *Profess.*, XI.
[55] *Epist.*, XXIII, XXIV et XXV.

tolérant, modéré, d'une foi insouciante et circonspecte[56]. Puis, par une adroite flatterie, après avoir expliqué le mystère d'un seul Dieu en trois personnes, il compare tout naturellement les trois empereurs, Valentinien, Valens et Gratien, au Père, au Fils et au Saint-Esprit!: ils sont pour lui et il doivent être pour tous l'image de la Trinité sur la terre[57]. On ne pouvait être à la fois plus courtisan et plus orthodoxe. Trois mois après, Valentinien part avec son armée contre les *Alemanni*, emmenant Gratien et son professeur. Les Alemanni sont vaincus, et Valentinien revient à Trèves, où il rentre avec son fils en triomphateur. Ausone célèbre à grand bruit cette victoire[58], et celle que Valens, en 369, remportait en Orient sur les Goths. Sa verve est inépuisable. Il chante le Danube, il chante Trèves, il chante la Moselle, il chante Bissula, jeune Suève captive, qu'il avait reçue pour sa part de butin dans cette guerre, et qui fit les *délices* de son maître[59]. Charmé par sa belle humeur, Valentinien, qui, malgré sa froide gravité, se divertissait quelquefois à la poésie, lui propose un défi littéraire!: Ausone accepte, et, comprenant tout l'embarras de sa position, s'arrange habilement de manière à n'être ni vainqueur ni vaincu. Il réussit!: toutes les faveurs de la cour lui sont acquises. Il est nommé comte, et honoré des différentes distinctions attachées à ce titre!: quelque temps après, il est élevé à la questure. Son crédit, ses dignités, lui attirent l'amitié des personnages les plus considérables du palais et de l'empire, de Symmaque, entre autres[60], et de Sext. Anicius Petronius Probus, qui lui de-

---

[56] Ammien Marcellin, I, XXX, c. 9, dit de Valentinien!: *Hoc moderamine principatus inclaruit, quod inter religionum diversitates médius stetit.*

[57] *Edyll.*, I.

[58] *Epigr.*, III, IV!; *Edyll.*, X.

[59] *Edyll.*, VII!:

Delicium, blanditæ, ludus, amor, voluptas.

Cette passion d'Ausone pour sa jeune affranchie aurait de quoi surprendre!; car il était âgé déjà, et, quelques années après, il se vantait d'avoir, pendant trente six ans, pleuré sa femme, et de lui garder encore une respectueuse fidélité (*Parent.*, VIII, 16, IX, 8). Mais Bissula n'était qu'une enfant, qui amusait le poète par ses espiègleries son babil et sa gentillesse!; et rien de plus.

[60] *Epist.*, XVII.

manda des conseils et des livres pour l'éducation de ses fils[61]. De son côté, il use noblement de son pouvoir. Un pauvre grammairien de Trèves, Ursulus, avait été oublié aux calendes de janvier, dans les largesses de l'empereur. Le questeur Ausone sollicite et obtient les étrennes désirées, et envoie à son collègue en grammaire six pièces d'or avec une trentaine de méchants vers que le malheureux dut trouver admirables[62].

Ausone achevait à peine l'éducation de Gratien, quand Valentinien mourut, le 17 novembre 375. Cet événement devait accroître encore la fortune du poète. Gratien, en l'absence de Valens, son oncle, toujours occupé à combattre en Orient, et du jeune Valentinien II, son frère, que l'armée venait de proclamer Auguste, s'empressa de profiter de la puissance remise tout entière entre ses mains, pour entourer de ses bienfaits son maître et toute la famille de son maître. Probus était alors préfet d'Afrique, d'Illyrie et d'Italie!: cinq mois après, Ausone le remplace dans la préfecture d'Afrique et d'Italie!: le titre de préfet d'Illyrie est donné au vieux Julius Ausonius[63], qui meurt un an ou deux après, âgé d'environ quatre-vingt-dix ans. Hesperius est nommé vicaire des préfets en Macédoine, puis presque aussitôt proconsul d'Afrique, et remplacé dans cette dernière charge, l'année suivante, en!377, par Thalassius, son beau-frère[64]. En 378, Ausone quitte la préfecture d'Italie pour prendre, avec Hesperius, la préfecture des Gaules[65]. Mais tant de faveurs ne suffisaient pas encore à l'ambition d'Ausone. Depuis longtemps une dignité plus haute, la première dignité de l'empire, lui avait été promise, et par Valentinien et par son fils[66]!: le rhéteur aspirait au consulat. Parfois, dans cette longue attente d'un honneur si désiré, la crainte qu'il ne lui échappât, peut-être aussi le regret de sa ville et de ses paisibles études, lui avait inspiré l'ennui

---

[61] *Epist.*, XVI.
[62] *Epist.*, XVIII.
[63] *Edyll.*, II, 52.
[64] Tillemont, *Hist. Des Empereurs*, t.V, p.!148, 149, 710, 712!; Souchay, *Dissert. de vita et script. Ausonii*, p.!XVj.
[65] Tillemont, *ibid.*!; Ausone, *Edyll.*, II, 45, et *Grat. act. pro cons.*!; Bayle, *Dict. hist.*, art. Ausone, note (F).
[66] *Grat. act. pro cons.*

et le dégoût des emplois publics[67]. Mais enfin il allait atteindre au but de tous ses vœux. Il y avait un an qu'il était, avec Hesperius, préfet des Gaules!:Gratien était à Sirmium, où il voulait passer l'hiver après la défaite et la mort de Valens, au secours duquel il était arrivé trop tard. Malgré les soins et les malheurs de cette guerre, Gratien n'a pas oublié son vieux précepteur. Les calendes de janvier approchaient!; c'était le moment de créer les consuls pour l'année 379[68]. L'empereur chrétien demande conseil à Dieu, et nomme au consulat Ausone et Q.!Clodius Hermogenianus Olybrius. Ausone, comme préfet, fut déclaré premier consul. Le jeune Auguste fait plus encore!; il choisit lui-même la trabée[69] consulaire qu'il lui destine!: c'est une toge où se trouvait brodé le portrait ou le nom de Constance, beau-père de Gratien!; et il la lui envoie avec une lettre flatteuse qui lui apprend sa nomination[70]. A cette nouvelle, Ausone ne se sent pas de joie!; sa muse se réveille!; il fait une prière la veille des calendes, il en fait une autre le lendemain, non pas une prière chrétienne, comme autrefois pour célébrer la Pâque, mais une prière à Janus, aux saisons, aux planètes, au soleil, pour obtenir de leur influence une heureuse et abondante année[71], une vraie prière d'astrologue, en mémoire sans doute de son grand-père et de son horoscope. Je ne sais si les astres exaucèrent ses vœux, et si l'année eut de beaux jours et des récoltes fertiles!; mais ce qui est certain, c'est qu'elle fut marquée par deux événements considérables dans l'histoire, l'élévation de Théodose, déclaré Auguste et associé à l'empire, et la première apparition en Occident des Lombards, «!que Dieu, dit Tillemont[72], destinait pour punir les péchés des Romains deux cents ans après.!» Gratien n'avait pu assister à l'entrée en fonction des nouveaux consuls!; mais il revint exprès à Trèves pour

---

[67] Symmaque, I. I., lett.!42.
[68] M. A. Beugnot (*Hist. de la destruction du paganisme*, t.!I, p.!341), d'après Scaliger et Vinet, recule de quatre ans le consulat d'Ausone, et le date de 382. Cette erreur avait cependant été rectifiée par Bayle (*Dictionnaire historique*, art. Ausone) et par Souchay (D*issert. de vita et script. Ausonii*, p.!xvij), d'après les *Fastes*.
[69] Robe blanche ornée de bandes de pourpre en forme de poutre!; c'était un vêtement de cérémonie. (Lat. *trabea*, de *trabs*, poutre, à cause de la forme des raies).
[70] *Grat. act. pro cons.*
[71] *Edyll.*, VIII et IX.
[72] *Hist. des Empereurs*, t.!V p.!163.

honorer de sa présence la solennité de leur sortie[73]. C'est à cette occasion que le rhéteur, devenu consul, prononça devant le prince un discours d'actions de grâces pour le remercier, et du consulat, et de toutes les dignités, de toutes les largesses qu'il devait à sa bonté reconnaissante.

Mais sa fortune s'arrêta là. Trois ans après, Gratien, qui avait perdu la confiance de son armée et du monde romain[74], tombait à Lyon sous les coups de Maxime, et, malgré les faveurs et les bienfaits de Théodose, Ausone ne tarda pas à quitter Trèves et la cour, et s'en revint en Aquitaine retrouver ses amis, ses élèves, ses champs et sa ville, *le nid de sa vieillesse*[75]. Il était riche, il possédait plusieurs belles terres aux environs de Bordeaux et de Saintes, entre autres *Lucaniacus*[76] et le *Pagus Noverus*[77]. C'est là qu'il passa dans le repos et les loisirs des muses ses dernières années, allant d'une villa à l'autre, invitant ses amis, Axius, Paulus, Théon, Tetradius, Paulinus!; leur envoyant et leur demandant des vers[78]!; c'est de là qu'il surveillait l'éducation du jeune Ausonius, son petit-fils, enfant de sa fille et de Thalassius, lui adressant des conseils sur ses études futures, et lui souhaitant une destinée semblable à la sienne[79]!; c'est là qu'il chanta les villes célèbres!; là que, reprenant les habitudes de la poésie païenne, et oubliant son

---

[73] *Grat. act. pro cons.*

[74] Gratien négligeait pour les plaisirs de la chasse ses devoirs et sa dignité d'empereur. Ce fut cette ardente passion qui le perdit (Gibbon, *Hist. de la décadence et de la chute de l'empire romain*, ch. XXVII). On peut reprocher à Ausone d'avoir, en chantant l'adresse et les grands coups de javelot du chasseur impérial (*Epigr.*, II et VI), encouragé ce penchant funeste au lieu de le combattre.

[75] *Edyll.*, X, 449.

[76] *Epigr.*, XXX, 7!; *Epist.*, V, 36!; XXII, 43!; Paulin. Not., *Carm.*, X, 256.

[77] *Epist.*, XXIV, 95. — S. Paulin, dans la première de ses réponses aux lettres XXIII, XXIV et XXV d'Ausone, cite encore (v. 242 et 250) les *Thermes Marojalliques* et *Rauranum* parmi les lieux de plaisance habités par Ausone dans sa vieillesse. *Rauranum*, placé par l'*Itinéraire d'Antonin* entre Saintes (*Mediolanum Santonum*) et Aunay (*Aunedonnacum*), est aujourd'hui le village de Rom, dans le département des Deux-Sèvres. — Voir la *Géographie ancienne hist. et comparée des Gaules*, par M!; le baron Walckenaër, t.!III, p.!97.

[78] *Epist.*, v et suiv. Dans ses *Études hist. et litt. sur Ausone* (p.!57), M. J.-C. Demogeot a retracé sous une forme vive et spirituelle une de ces réunions littéraires des rhéteurs et de beaux esprits d'alors, à Lucaniacus, sous la présidence d'Ausone.

[79] *Edyll.*, IV.

christianisme de cour et le Dieu chrétien qui n'avait point sauvé son bienfaiteur, il composait, suivant les rites idolâtres de la vieille Rome, les éloges funèbres de ses parents et de ses professeurs[80]!; c'est là enfin qu'il écrivait à Paulinus son élève chéri, pour le détourner de la dévotion et de la solitude, et qu'il mourut[81] avec la douleur de n'avoir pu le ramener au culte de la muse, de la famille et de l'amitié[82].

---

[80] Ausone parlait à chacun son langage!: avec les empereurs, avec Paulin converti, il était chrétien!; il était païen avec ses parents, ses professeurs et ses collègues. Comme Valentinien, il demeurait neutre, *médius stetit*, entre les diverses croyances. Du reste, il ne se montra chrétien qu'à la cour. Le poème pascal, l'*Éphéméride*, si toutefois l'oraison qui s'y trouve est de lui (Cette oraison se retrouve *tout entière* parmi les œuvres de saint Paulin. Ce qui prouve que l'*Éphéméride* a été composée depuis son arrivée à Trèves, c'est qu'Ausone, au vers 18 du dernier fragment, rêve qu'il est pris avec les Alains. Une pareille préoccupation ne pouvait lui venir qu'au milieu de camps ou à la suite des armées. A Bordeaux il faisait de plus doux rêves!: occupé de ses travaux de grammaire et d'éloquence, le rhéteur s'inquiétait plus des barbarismes que des barbares), le *Griphe*, toutes les pièces enfin dont on a essayé de tirer les preuves de son christianisme, ont été composée pendant l'éducation de Gratien ou le séjour du poète à Trèves. Partout ailleurs il est païen. A la cour même, au lieu de se lier avec saint Ambroise, il recherche de préférence l'amitié de Symmaque, idolâtre obstiné!; et, retiré après la mort de Gratien dans sa villa de Lucaniacus, il y chante en grec et en latin Liber et toutes les divinités profanes dont ce dieu réunissait en lui les attributs mythologiques. Aussi ses commentateurs et ses biographes des derniers siècles, malgré leur bonne volonté, ne le nomment chrétien qu'à regret, effrayé surtout par le cynisme de son *Cento nuptialis*, et de quelques unes de ses épigrammes. C'est pour cela que Rollin et les Bénédictins le louent avec tant de réserve, et que Tillemont, après lui avoir accordé quelques pages dans son *Histoire des Empereurs*, termine ainsi!: «!Nous aurions encore pu ajouter diverses choses, soit sur Ausone, soit sur sa famille!; mais nous craignons de n'en avoir même dit que trop.!»
* Bayle dit que «!la raison empruntée de l'amitié de Symmaque est la plus faible du monde!; ce n'était point la conformité de religion qui les unissait, mais l'amour qu'ils avaient tous deux pour les belles lettres.!» Mais c'est précisément cet amour des lettres profanes qui maintenait Ausone dans le paganisme!; c'est ce culte des muses que S. Paulin blâme et déplore dans son vieux maître, et que, dans la ferveur de sa foi, il abjure et maudit au nom du Christ.
[81] On croit qu'il mourut vers 394. *Voir* les Bénédictins, *Hist. littér.*, t.!I, 2ᵉ part., p.!287.
[82] Cette dernière correspondance d'Ausone et de S. Paulin est encore une assez forte preuve qu'Ausone était païen. Les réponses de Paulin contiennent une longue et minutieuse instruction des principes et des mystères de la religion chrétienne.

Ausone s'était servi de son crédit pour attirer sur presque tous les membres de sa nombreuse famille les faveurs impériales. Fl. Sanctus, mari de Pudentilla, sœur de sa femme, avait été gouverneur en Bretagne[83], Paulinus, gendre de sa sœur Julia Dryadia, avait été *scriniarius*, puis procurateur du fisc en Afrique, et correcteur de la Tarragonaise[84]. Un gendre de ce Paulinus et de Megentira sa femme, eut aussi un emploi public[85], et on croit qu'Arborius, frère de Megentira, et mari de Veria Liceria, dont Ausone a chanté les vertus[86], est le même que celui qui fut préfet de Rome en 380[87]. Thalassius, après avoir été proconsul en 378, obtint encore quelque autre dignité depuis le consulat d'Ausone[88]!; le jeune Ausonius, dont le poète, en ses dernières années, vit fleurir l'adolescence[89], fut sans doute ce sénateur, fils de Thalassius, dont parle Symmaque, qui paraît lui avoir rendu un important service dans le sénat[90]. Hesperius conserva la préfecture des Gaules jusqu'en 380!; en 384, il fut envoyé par Valentinien II de Trèves à Rome[91] pour examiner les plaintes portée contre Symmaque, alors préfet de cette ville[92], qui le qualifie de *vir clarissimus et illustris, comes Hesperius*!: il mourut vers 406. Avec lui pourtant ne s'éteignit pas toute la postérité d'Ausone. Il avait eu trois enfants!: le plus jeune, Pastor, avait été tué par accident dans son enfance[93]. Des deux autres, un seul, Paulinus, survécut dans l'histoire, et celui-là devait expier

---

Paulin aurait-il pris la peine de faire cette profession de foi et de versifier cette espèce de catéchisme à l'usage du poète, si le poète eût compris et reconnu depuis longtemps les vérités du christianisme!? — Voir les *Épîtres* de S. Paulin à Ausone.

[83] *Parent.*, XVIII, 7.

[84] *Parent.*, XXIV, 9, 10 et 11

[85] *Edyll.*, II, 49.

[86] *Parent.*, XVI.

[87] Tillemont, *Hist. des Emp.*, t.!V, p.!187!; *Mém. Eccl.*, t.!X, p.!320. *Voir*, sur cet Arborius, la note 14 de l'Idylle II, p.!352 de notre second volume.

[88] Tillemont, *Hist des Emp.*, t.!V, p.!188.

[89] *Edyll.*, V.

[90] Symmaque, liv. V, lett.!58.

[91] *Epist.*, II.

[92] Tillemont, *Hist. des Emp.*, t.!V, p.!188 et 248!; Symmaque, I. X, lett.!43.

[93] *Parent.*, XI.

cruellement la fortune rapide et la gloire de sa famille[94]. Il était né en 376 à Pella, en Macédoine. Elevé dans le luxe et les plaisirs, à trente ans il perdit son père, et il s'occupait à défendre sa mère contre les prétentions de son frère qui voulait faire casser le testament d'Hesperius, et la dépouiller de ses biens, quand les barbares envahirent la Gaule. Paulinus s'attache à Attale, qui le nomme comte des largesses privées, largesses imaginaires!; mais les Goths pillent Bordeaux et la maison du comte, qui se sauve à Bazas. Les Goths et les Alains assiégent Bazas, d'où Paulinus s'échappe encore. Il perd successivement sa belle-mère, sa mère, sa femme et deux fils!: il se réfugie à Marseille, où il avait une maison!; il s'y établit, prend à ferme des terres, les cultive, relève un instant sa fortune, presque aussitôt renversée encore. Pauvre, isolé, accablé de dettes, de chagrins et d'années, il ne sait que devenir. Un champ lui reste encore, et ce champ, un Goth le convoite!; mais, au lieu de s'en emparer, il le paye, et le prix qu'il en donne, bien qu'inférieur à la valeur du champ, suffit pour rendre l'aisance à Paulinus, et soutenir ses vieux jours, qu'il achève, à quatre-vingt-quatre ans, dans la contrition et la prière. Ainsi la famille d'Ausone, qui avait commencé par un astrologue, finit par un pénitent[95].

Les œuvres d'Ausone ont beaucoup occupé la critique, et ont été bien diversement jugées[96]. Entre tant d'opinions contradictoires, je choisirai celle de Bayle, qui me paraît la plus juste et la plus vraie!: «!Il y a une extrême inégalité entre ses ouvrages, soit que ses muses fussent un peu trop journalières, soit que l'on ait inséré dans ses poésies quelques pièces qu'il n'avait fait qu'ébaucher, soit que des raisons

---

[94] Il a lui-même raconté ses malheurs dans un poème fort curieux intitulé *Eucharisticon*. Ce poème est précieux surtout pour les documents historiques qu'il enferme.

[95] Il est fort probable que ce Paulinus fut le premier de cette famille qui embrassa le christianisme, et encore ne fut-il baptisé que fort tard, comme on le verra en lisant son poème (v. 476). Il dit (v. 94 et suiv.), qu'il avait eu l'idée, tout jeune encore, de se vouer au Christ, mais que la volonté de ses parents s'opposa à ses désirs. Comment croire, après un témoignage aussi clair, qu'Hesperius, son père, ainsi que tous les membres de sa famille, aient été vraiment chrétiens, comme le prétendent Bayle, les Bénédictins et tant d'autres!?

[96] Les divers jugements portés sur Ausone ont été recueillis par Souchay et se trouvent à la tête de son édition, p.!lvij.

particulières l'aient obligé à laisser courir des vers qu'il n'avait pas eu le temps de polir. Généralement parlant, il y a des duretés dans ses manières et dans son style!; mais c'était plutôt le défaut du siècle que celui de son esprit. Les fins connaisseurs devinent sans peine, que, s'il avait vécu au temps d'Auguste, ses vers eussent égalé les plus achevés de ce temps-là, tant il paraît de délicatesse et de génie dans plusieurs de ses écrits[97].!» Depuis Bayle, plusieurs travaux remarquables ont été faits sur Ausone, par les Bénédictins dans l'*Histoire littéraire de la France*[98]!; par Chr.!G.!Heyne, professeur d'éloquence et de poésie à l'université de Gœttingue, dans ses *Opuscula Academica*[99]!; par M.!J.!J.!Ampère, dans son *Histoire littéraire*[100], et enfin par M.!J.!C!Demongeot, dans ses *Études historiques et littéraires sur Ausone*!; où, considérant Ausone sous un double aspect, 1° comme monument historique, 2° comme homme et comme écrivain, il a donné un aperçu rapide, mais complet, du monde romain à cette époque, en même temps qu'une appréciation impartiale et judicieuse du caractère et des écrits du poète[101].

On compte plus de soixante éditons, partielles ou complètes, des œuvres d'Ausone[102]. Les principales sont l'édition *princeps* de Venise, 1472, in-f°!; celle de Lyon, 1575, avec les notes de Scaliger!; de Bor-

---

[97] Bayle, *Dictionn. Hist.*, art. Ausone.

[98] Tome I, 2ᵉ part., p.!281.

[99] *Censura ingenii et morum D.!M. Ausonii, cum memorabilibus ex ejus scriptis*, 1802. Cette critique se trouve insérée au tome VI des *Opuscula Academica*, p.!19 et suiv. Heyne résume en ces termes (p.!31), son jugement sur Ausone!: *Ausonii carmina a poetica vi, ingenii aliqua felicitate, sententiarum novitate, multum absunt. Versificatoris nomen ei concesseris, non poetæ. Sunt omnino parva voematia, effusu verius, quam elaborata, etc.*

[100] T.!II, p.!234.

[101] Pour compléter cette liste, je dois citer aussi une *Dissertation sur la vie et les écrits d'Ausone*, lue par Belet, dans une assemblée de l'Académie de Bordeaux, le 25 août 1725, mais qui, je crois, est restée inédite (Voir Goujet, *Bibliothèque française*, t.!VI, p.!302)!; une *Lettre* sur le même sujet, adressée par Meusnier de Quelon, en 1736, à M. Bernard, docteur en droit, réimprimée en 1741, au t.!XI (p.!171) des *Amusements du cœur et de l'esprit*!; une *Notice sur Ausone et ses ouvrages*, publiée par Coupé dans *les Soirées littéraires*, t.!VI, et enfin l'art. Ausone de la *Biographie universelle* de Michaud (2ᵉ édit.), par M.!D. Chésurolles.

[102] On trouvera la liste complète à la tête de l'édition des *Deux-Ponts*, 1785, in-8°.

deaux, 1580, avec le notes de Vinet!; d'Amsterdam, 1671, avec le notes de Tollius et de tous les commentateurs qui l'ont précédé. Au commencement du dix-huitième siècle, l'abbé Fleury, chanoine de Chartres, qui avait déjà donné en 1688 une édition d'Apulée avec un commentaire et une interprétation latine *ad usum Delphini*, entreprit le même travail sur Ausone!; mais il mourut en 1725, avant de l'avoir achevé. L'abbé J.-B. Souchay, de l'Académie des inscriptions et belles lettres, compléta et revit le travail de Fleury, ajouta quelques notes nouvelles de sa façon, et plusieurs observations de Martin Desposius de Bordeaux, qu'il avait trouvées manuscrites à la suite d'un *Ausone* à la Bibliothèque Royale, et fit paraître le tout en 1730 à Paris, en un volume in-4°. C'est, sans contredit, malgré ses défauts, la meilleure édition d'Ausone[103]!; elle a été suivie, en 1785, par les éditeurs de l'*Ausone* des Deux-Ponts. Enfin en 1769, l'abbé Jaubert, de l'Académie royale des belles lettres, sciences et arts de Bordeaux, a donné à Paris, en quatre volumes in-12, une édition d'Ausone avec une traduction française, la seule qui ait encore paru. Cette traduction a été longtemps, dit-on, assez estimée[104]!: elle a pu l'être des bibliophiles, à cause de sa rareté, mais les critiques qui l'ont lue en ont jugé autrement[105].

Nous avons profité de ces divers travaux, et librement usé des secours qu'ils nous présentaient. Nous avons revu le texte avec le plus

---

[103] Plusieurs ouvrages publiés depuis cette édition, tels que les *Adversaria* de Nie Heinsius, les *Poetæ Latini minores* de Wernsdorf et de Lemaire, les *Collectanea littéraria* de C.J.C Reuvens, les éditions de la *Moselle* de L.!Tross et de M.!Bœcking, etc., présentent de nouveaux éclaircissements sur quelques parties du texte d'Ausone.

[104] M. WEISS, *Biogr. Universelle* de Michaud, Ier éd., art. *Ausone*. COUPÉ, *Soirées littéraires*, t.!VI, p.!246.

[105] «!Nous n'avons qu'une médiocre traduction des œuvres d'Ausone, celle de l'abbé Jaubert.!» (M.F.!Z. Collombet, *Histoire civ. et relig. des lettres latines au IVe et au Ve siècle*, p.!28, note). «!Ein elendes Machwerk, meist nach des Floridus Interpretation, ohne allen Geschmack!» (Ludw. Tross, *Des D.!M. Ausonius Mosella*, p.!xvj.) — J'aurais mauvais grâce à médire de mon prédécesseur l'abbé Jaubert, quoique son travail m'ai peu servi!; je sais trop ce qu'un premier traducteur a de difficultés à vaincre. Je ferai seulement observer que s'il a pu s'aider, comme il s'en vante (*Discours préliminaire*, p.!lxxiij), des conseils et des lumières des académiciens de Boze et Souchay, il est étonnant qu'il n'ait pas mieux réussi.

grand soin sur les meilleures éditions!; nous avons rétabli quelques pièces que les premiers éditeurs avaient trouvées sous le nom d'Ausone dans les manuscrits, et que Tollius et Fleury avaient arbitrairement rejetées!; enfin, peu rassuré sur le mérite de notre traduction, car de ce côté nous étions livré à nos propres forces, nous n'avons rien négligé pour donner au moins une édition correcte et compète d'un écrivain estimé que nous avons pu souvent mal comprendre et mal traduire[106].

E.-F. Corpet, Avril 1842.

---

[106] Dans un *Appendice*, à la fin de chaque volume de son édition des *Œuvres complètes* d'Ausone, Corpet a réuni tous les documents relatifs à l'histoire politique ou littéraire du siècle d'Ausone, les édits des empereurs, les œuvres, assez rares, qui nous restent de ses contemporains, de ses amis, les lettres de Symmaque et de saint Paulin. arbredor.com, les publiera, si le présent ouvrage a quelque succès (NDE).

IDYLLES

I

VERS SUR LA PAQUE[107].

Voici revenir les saintes solennités du Christ sauveur, et ses pieux ministres célèbrent les jeûnes que leur vœu leur impose. Mais nous, qui renfermons son culte éternel en notre âme, nous lui continuons l'effusion perpétuelle de nos hommages sans tache. Aux temples les cérémonies annuelles, à nous l'adoration de chaque jour.

Souverain père des choses, à qui la terre, l'océan et les airs, le Tartare et la plage lactée du ciel étoilé obéissent!; que redoute la plèbe coupable des pécheurs, et qu'en retour la troupe immaculée des âmes pieuses glorifie en ses prières, tu donnes à nos jours de si courte durée, à notre âme caduque et si tôt exhalée, le bienfait de la vie éternelle!; tu accordes au genre humain les doux préceptes de ta loi et les sacrés prophètes!; tu sauves la postérité d'Adam!; tu as pitié d'Adam trompé par Ève, qui, prise au piège empoisonné, enveloppa son compagnon dans l'erreur qui l'avait séduite. Tu envoies au monde, ô bon père, ton Verbe, ton fils, Dieu comme toi, en tout semblable et égal à toi, vrai Dieu né du vrai Dieu, Dieu vivant d'origine vivante. Instruit de tes commandements, il n'y ajoute qu'un précepte!: c'est que l'Esprit, qui nageait au-dessus des eaux de la mer, raviverait par un bain régénérateur nos membres languissants. Croire à trois dieux en un seul et procèdant d'un seul, c'est assurer le salut qu'on espère, si, à la foi qui confesse ce nombre, on joint la pratique de la vertu.

Une image de ce mystère se présente à nos yeux ici-bas!: c'est Auguste le père, qui créa deux Augustes, et qui, entourant tout ensem-

---

[107] Cette pièce porte sa date avec elle!: il est certain, par les huit derniers vers, qu'elle fut composée quelque temps après que Valentinien Ier eu partagé le pouvoir avec Valens son frère, et Gratien son fils, c'est-à-dire lors de l'arrivée d'Ausone à la cour, en 367 ou 368.

ble un frère et un fils de son divin amour, partage avec eux l'empire, sans le diviser, conserve seul toute la puissance, et la dispense tout entière. Donc, pour notre bonheur, sur cette trinité terrestre dont l'amour fait la force, sur ces maîtres bienfaisants du monde, sur ces ministres du ciel, ô Christ, appelle par ton intercession les grâces de ton père éternel.

II

EPICÈDE[108] DE JULIUS AUSONIUS

Dédicace au lecteur

Ausone à son lecteur, salut. Après Dieu, c'est mon père que j'ai toujours adoré!: mon second culte, c'est à mon père qu'il était dû. Ainsi, cet hommage au Dieu très-haut sera suivi de l'*Épicède* de mon père. Ce mot, emprunté aux auteurs grecs, et consacré par eux à honorer les morts, n'est point un titre ambitieux, mais un terme de piété. Je le recommande à mon lecteur, qu'il soit fils, ou père, ou l'un et l'autre. Je n'exige point qu'on loue cet ouvrage!; mais je demande qu'on l'aime. Du reste, je ne fais point ici l'éloge de mon père, il n'en a pas besoin!: je ne dois pas écraser un mort de ces jouets qui amusent les vivants!; je ne dis rien qui ne puisse être reconnu de ceux qui ont été les témoins d'une partie de sa vie. Avancer un mensonge, aujourd'hui qu'il n'est plus, n'est pas un moindre crime à mes yeux que de taire la vérité. Ces vers ont été inscrits sous son portrait, ce qui ne m'empêche pas de les comprendre dans le recueil de mes œuvres. Tous mes autres écrits me déplaisent!; celui-là, j'aime à le relie. Adieu.

---

[108] *Epicedion*!: éloge funèbre. L'épitaphe se prononçait après, et l'épicède avant la sépulture.

24

Épicède de Julius Ausonius, son père

Ausonius est mon nom!: je n'étais point le dernier dans l'art de guérir, et, pour qui connaît mon siècle, j'étais le premier[109]. J'ai eu pour patrie et pour demeure deux villes voisines!: je naquis à Vasates[110], mais j'habitai Burdigala[111]. Une double curie, un double sénat me compta parmi ses membres!; mais, étranger à leurs travaux, je n'y participai que de nom. Ni riche, ni pauvre, je fus économe sans être sordide. Ma nourriture, ma tenue, mes mœurs, n'ont jamais changé. Je parlais difficilement en latin, mais la langue de l'Attique me prêtait pour m'exprimer d'élégantes paroles. J'ai offert gratuitement le secours de mon art à tous ceux qui l'ont réclamé, et mes soins n'allaient pas sans la charité. J'ai tâché de répondre à l'opinion de hommes de bien!; jamais, à mon propre jugement, je ne fus content de moi-même. Les services de diverse nature que je dus rendre à plusieurs, je les dispensai toujours selon les personnes, les mérites ou l'occasion. Ennemi des procès, je n'ai accru ni diminué mon bien. Nul n'a dû sa perte à mes délations ou à mon témoignage. Je n'ai envié personne!: j'ai fui tous désirs et toute ambition. Jurer ou mentir, était selon moi la même chose. Factieux ou conjurés ne m'ont jamais rattaché à leur parti. J'ai cultivé l'amitié avec une foi sincère. J'ai reconnu que l'homme heureux était, non celui qui possédait ce qu'il voulait, mais celui qui ne souhaitait pas ce que la fortune lui avait refusé. Je ne fus ni un importun ni un bavard!: je ne regardais que devant moi, et je ne cherchais point à pénétrer ce qu'une porte ou un voile cachait à mes regards. Je n'ai point forgé de ces bruits qui pouvaient déchirer la réputation d'un

---

[109] Marcellus Empiricus, (dit aussi Marcellus de Bordeaux) qui vécut un siècle pus tard, nomme Ausone parmi les plus illustres médecins auxquels il emprunta ses remèdes.
[110] Bazas.
[111] Bordeaux.

honnête homme!; et si j'en ai su de vrais, je les ai tus. J'ai banni la colère, j'ai banni le vain espoir, j'ai banni les soucis inquiets!; les fausses joies des biens de la terre, je les ai bannies. J'ai fui la foule et le tumulte, j'ai repoussé les amitiés des grands toujours mensongères. Je n'ai jamais pensé qu'on pût se faire un mérite de ne point faillir, et je préférais aux lois les bonnes mœurs. Enclin à la colère, j'ai comprimé de bonne heure ces emportements, et je me suis puni de ma légèreté. Je ne me suis marié qu'une fois!: de cette union, qui dura neuf lustres sans atteinte et sans nuage, nous avons eu quatre enfants. Ma première fille mourut à la mamelle!: celui qui naquit le dernier succomba dans sa puberté!; bien qu'à son enfance encore, ce n'était déjà plus un enfant. L'aîné parvint au comble des honneurs suprêmes!; il fut préfet des Gaules, de la Libye, du Latium. Le calme, la douceur, la sérénité de son âme se peignaient dans ses yeux, sur ses traits, dans son langage!; il montra pour son père un cœur, un amour paternel. J'ai vu son fils et son gendre proconsuls!; et j'eus l'espoir certain qu'il serait consul lui-même. Ma fille eut la gloire d'être mère, elle mérita de nobles éloges comme épouse et comme veuve, et elle vit son fils, son gendre et le mari de sa petite-fille, illustrer tous ensemble leurs maison par l'éclat de leurs nombreuses dignités. Moi, sans rechercher ou refuser les honneurs, je fus nommé préfet de la grande Illyrie. Ces immenses faveurs de la fortune m'engagèrent, après avoir remercié la divinité, à la prier de me retirer du monde!; je craignis que quelque jour le destin ne vînt mordre et déchirer la trame encore intacte de cette vie fortunée. J'obtins ce que je demandais!: ma prière fut exaucée. Je m'endormis d'un sommeil tranquille, et je laissai à d'autres l'espoir, les désirs et la crainte. Au milieu des regrets de mes amis, je mourus sans regrets, après avoir réglé les dispositions de mes funérailles. Je vécus quatre-vingt-dix ans, sans bâton, et avec l'usage entier de tous mes membres et de toutes mes facultés. Toi qui liras ces vers, tu ne refuseras pas de dire!: Telle fut ta vie, qu'elle me fait envie.

III.

LA PETITE VILLA D'AUSONE

[Après plusieurs années passées dans les honneurs, car il avait été consul, Ausone quitta la cour et retourna dans sa patrie. En entrant dans la petite villa que son père lui avait laissé, il s'amusa à faire ces vers, à la manière de Lucilius[112].]

Salut, petit héritage, royaume de mes ancêtres, que mon bisaïeul, que mon aïeul, que mon père a cultivé, que m'a laissé mon père enlevé déjà vieux par une mort trop rapide encore. Hélas!! j'aurais voulu pouvoir ne pas sitôt jouir!! Sans doute il est dans l'ordre de la nature qu'on succède à son père!; mais, quand on s'aime bien, il est plus doux de posséder ensemble. A moi maintenant les travaux et les soucis!: auparavant le plaisir seul était mon partage!; le reste regardait mon père. Bien petit est mon petit héritage, j'en conviens!; mais rien ne semble petit quand on vit en paix avec soi-même, et, on peut ajouter, en paix avec les autres. Il vaut mieux, je pense, que la chose obéisse à l'esprit, que l'esprit à la chose. Crésus désire tout, et Diogène rien. Aristippe jette son or au milieu des Syrtes, et tout l'or de la Lydie ne suffit pas à Midas. Qui ne met point de borne à ses désirs, n'en sait point mettre à son avoir. Il n'y a de mesure aux richesses, que celle qu'on impose à sa cupidité. Mais apprends quelle est l'étendue de mon domaine!; tu apprendras ainsi à me connaître, et à te connaître toi-même, si c'est possible!; car cette connaissance n'est pas chose facile, et ce Γνῶθι σεαυτὸν[113] que nous lisons si vite, nous l'oublions de même. Je cultive deux cents arpents en terre labourable!:

---

[112] C'est à dire improvisés dans la facilité.
[113] Inscription du temple d'Apollon à Delphes!: «!Connais toi-même!» (NDE).

j'ai cent arpents en vignes, moitié en prés, et, en bois, au moins deux fois autant qu'en prés, en vigne et en labour. Pour la culture de mon champ, je n'ai ni trop ni trop peu d'ouvriers. Auprès, une source, un puits peu profond, et un fleuve limpide et navigable!: son flux et reflux m'amène et me remmène. Je conserve toujours des fruits pour deux ans!: qui ne fait pas de longues provisions, sent vite la famine. Ma campagne est située ni trop loin ni trop près de la ville!; j'échappe ainsi aux importuns, et je suis maître de mon bonheur. Et chaque fois que l'ennui me force de changer de place, je pars, et je jouis tour à tour de la ville et des champs.

IV.

EXHORTATION A MON PETIT-FILS AUSONIUS, SUR LES ETUDES DE L'ENFANCE

Dédicace d'Ausone à son fils Hesperius

Je t'ai envoyé d'avance les vers que je m'étais amusé à composer en forme d'exhortation pour mon petit-fils, pour l'enfant de ta sœur!: tu les liras avant mon arrivée. J'ai mieux aimé cela que te les réciter moi-même!: tu auras plus de liberté pour la critique!; car deux causes l'enchaînent d'ordinaire!: d'abord, ce qui frappe notre oreille échappe plus vite à notre esprit qu'une lecture!; et puis la présence de l'auteur impose à la franchise du juge. Ici, pour toi, nulle gêne de part ou d'autre!: tu liras toi-même, à ton aise, à loisir!; et tu pourras juger sans te contraindre par égard pour moi. Mais ce n'est pas tout, fils bien-aimé, j'ai un mot encore à te dire. Quelques-uns de ces vers (je crains qu'il n'y en ait beaucoup) te paraîtront arrangés avec plus d'apprêt que de naturel, avoir plus de coloris que de sève!: je le sais!; mais je les ai laissés couler sans peine, afin qu'ils aient de la grâce plutôt que de la force!; comme ces jeunes filles,

Dont les mères ont soin d'écraser les épaules et d'étrangler la poitrine, pour les rendre mignonnes[114].

Tu sais le reste. Mais maintenant tu vas me dire!: Pourquoi attendre mon sentiment sur un ouvrage dont tu signales toi-même les défauts!? Je te répondrai que je rougirais de ces vers devant un étranger!; mais entre nous j'ai moins de scrupules. Car je les ai écrits pour l'âge

---

[114] Térence, *L'Eunuque*, acte II, sc. 3, v. 21.

de mon petit-fils plutôt que pour le mien!; peut-être bien aussi pour le mien, puisque «!la vieillesse est une seconde enfance[115].!» Au surplus, je me moque de ta sévérité!: je ne dois compte de ces vers qu'à un enfant. Adieu, fils bien-aimé.

Exhortation

Les Muses ont aussi leurs passe-temps!: à leurs travaux, petit-fils, mon doux miel, se mêlent des loisirs, et la voix impérieuse d'un maître acariâtre ne fatigue pas toujours les enfants. Mais la récréation et l'étude se succèdent à des heures fixes et déterminées. C'est assez, pour l'enfant qui a de la mémoire, d'avoir lu de bon cœur!: il doit se reposer ensuite. L'école est ainsi appelée d'un mot grec, à cause des justes loisirs qu'on doit accorder aux Muses laborieuses. Puisque tu es sûr que le jeu doit venir à son tour, apprends avec plaisir!: nous accordons des intervalles qui délassent de longues fatigues. Le zèle de l'enfant s'épuise, si quelques heures joyeuses ne varient ses austères journées. Apprends avec plaisir, ô mon petit-fils, et ne maudis pas les rênes d'un précepteur sévère. Jamais l'aspect d'un maître n'est effrayant. Il est vieux et maussade!; sa voix revêche et querelleuse annonce l'orage!; son front renfrogné menace toujours!; et pourtant il n'aura rien de repoussant, une fois qu'il aura su, par le charme de l'habitude, accoutumer l'élève à son visage. Un enfant aimera les rides de sa nourrice, et fuira la vue de sa mère. Les petits-fils préfèrent à leurs pères les grands-papas et les aïeules tremblotantes, pour qui les deniers nés sont un nouveau sujet de sollicitude. Le Thessalien Chiron, à moitié cheval, n'effrayait pas Achille, fils de Pélée, ou Atlas, armé de pins, le fils d'Amphitryon!: mais l'un et l'autre, par ses caresses et de doux entretiens, savait gagner l'esprit de ces tendres élèves. Toi non plus ne tremble pas, malgré les coups nombreux qui retentissent dans la classe et la mine rechignée de ton vieux précepteur. La peur décèle une âme dégénérée!: sois maître de toi, sois sans crainte, que les gémissements, que le fouet qui résonne, que l'effroi du châti-

---

[115] Proverbe grec!: Δὶς παῖ δες οἱ γεροντες.

ment ne t'agitent pas dès le matin, parce que le roi de la férule brandit son sceptre, parce qu'il a une riche provision de verges, parce qu'il a, le traître!! affublé son martinet d'une molle lanière, parce que vos bancs bourdonnent d'un frémissement de terreur!: oublie ce prestige du lieu, ce vain appareil d'épouvante. C'est ainsi qu'en suivant autrefois ces conseils, ton père et ta mère ont assuré le calme et le bonheur de ma vieillesse. Toi aussi, pour réjouir le peu de vieux jours que le destin m'accorde encore au déclin des années, toi, le premier de mes petits-enfants qui portes au premier âge le nom de ton aïeul, donnemoi sinon des effets, au moins des espérances Je vois ton enfance aujourd'hui, je verrai ta jeunesse bientôt, et puis ton âge mûr, si le sort le permet!; ou, s'il m'envie ce bonheur, j'espérerai du moins, et mes vœux ne seront pas trompés, que tu n'oublieras pas l'exemple de ton père et le mien, que tu sauras aspirer aux difficiles couronnes des Muses, que ton éloquence un jour te conduira dans cette voie où nous t'avons précédé, où marchent ton père proconsul[116], et ton oncle préfet[117].

Étudie tout ce qui est digne de mémoire. Je vais te désigner chaque auteur. Tu liras en entier le créateur de l'*Iliade*, et les œuvres de l'aimable Ménandre[118]. Que les inflexions et les intonations de ta voix, accentuée avec art, conservent du nombre aux nombres des poètes. Marque bien le sens en lisant!: l'idée ressort mieux si on la détache, et une suspension donne de la force aux plus faibles pensées. Quand ma vieillesse jouira-t-elle enfin du bonheur de t'entendre!? Quand ta voix pourra-t-elle réveiller pour moi tant de poème oubliés, et toutes ces

---

[116] Thalassius, proconsul d'Afrique en 377 et 378.

[117] Hesperius, préfet des Gaules en 378, 379 et 380.

[118] Au temps d'Ovide déjà (*Tristes*. I, II, v. 369), Ménandre, malgré la licence de ses écrits, était mis entre les mains des enfants!:

> Fabla jucundi nulla est sine amore Menandri,
> Et solet hic pueris virginibusque legi.

Ovide semble dire que les professeurs le lisaient eux-mêmes à leurs élèves, et plusieurs commentateurs l'on pensé ainsi M. Weichert (*Poet. Ltin. Reliquiæ*, p. 37, note) n'est pas de cet avis. Cependant voici Ausone, un professeur, un grand-père, qui en prescrit formellement la lecture à son petit-fils.

histoires qui s'enchaînent d'âge en âge, et les socques et les draperies des rois, et tous les chants de la muse et de la lyre!? Quand feras-tu rajeunir les sensations énervées du vieillard!? En suivant tes pas, enfant, je puis apprendre encore les vers que modulait Flaccus, et les sublimes accords de Virgile. Et toi aussi, Térence, qui pares d'un style choisi la langue du Latium, toi dont le socque[119] bien attaché ne traîne pas sur le théâtre, ramène ma vieillesse oublieuse à tes dialogues presque nouveaux pour elle. Je lis d'abord, Catilina, le récit de tes crimes, et des troubles de Lépide, et, à partir de Lépide et de Catulus, je parcours la suite de l'histoire et de la vie de Rome pendant douze ans[120]!; je lis cette guerre, à la fois étrangère et civile, soulevée par Sertorius, exilé, associé aux Ibères.

Et les conseils, ce n'est point un aïeul sans expérience qui te les donne!; c'est un maître qui sur mille esprits en a fait l'épreuve. J'ai nourri beaucoup d'enfants de mes leçons!: je les prenais à la mamelle!; les réchauffant dans mon sein et leur déliant les lèvres, j'arrachais leurs tendres années aux caresses des nourrices. Puis, un peu plus grand, quelques encouragements flatteurs, un léger sentiment de crainte, les engageaient à tenter, par d'âpres chemins, d'agréables progrès, afin de recueillir un jour de doux fruits d'une racine amère. Et quand la sève de la puberté les couvrait de son duvet, je les dirigeais vers la morale, les beaux-arts, les luttes de l'éloquence, bien que leur tête refusât le joug de l'autorité, et que leur bouche se détournât du mors qu'on lui présentait. Une modération difficile, un rude apprentissage, un succès rare qu'on ne peut attendre que d'un long usage, beaucoup de douceur dans les réprimandes pour venir à bout d'une jeunesse indocile!; j'eus à supporter bien des ennuis jusqu'au jour où ce tourment même eut du charme, où la force de l'habitude et de l'usage adoucit ma peine!; jusqu'au jour où je fus appelé aux pieuses fonctions de l'éducation d'un prince, et, dans ce poste élevé, revêtu de divers honneurs!; où j'eus le droit de commander dans les palais dorés. Que Némésis me pardonne, et que la Fortune me permette ce badinage. J'ai présidé à l'empire, quand mon élève, en prétexte[121] encore, maître de

---

[119] Le socque était la chaussure des acteurs de la comédie.

[120] Ausone désigne ici le livre de Salluste sur la conjuration de Catilina.

[121] En toge prétexte!: adolescent. (NDE)

la pourpre, du sceptre et du trône, se soumit à la volonté de son pré-
cepteur!; quand Auguste estima nos honneurs plus grands que les
siens!; mûri par l'âge, il leur donna bientôt un accroissement sublime!;
je fus créé questeur par les Augustes, par le père et le fils!; je reçus,
pour prix de mes travaux, une double préfecture, et la chaise curule, et
la trabée, et la toge peinte!; je fus consul enfin, et inscrit le premier
aux fastes de mon année. C'est ainsi que ton aïeul consul attira sur son
petit-fils un relief immense!; je suis le flambeau qui éclaire ta vie.
Bien qu'illustré déjà par le nom de ton père, qui peut être une parure,
qui peut être une charge aussi pour toi, tu reçois de nous encore une
éclatante gloire. Fais qu'elle ne soit pas un fardeau pour toi!: puise en
toi-même la force de t'élever aux grandeurs, et aspire, si tu deviens
consul à ne devoir tes faisceaux qu'à toi-même.

V

AU MEME AUSONIUS, SON PETIT-FILS
POUR L'ANNIVERSAIRE DE SA NAISSANCE.

Quand l'apprentissage de la poésie charmait les jours de ton enfance, quand les soins assidus d'un maître pénétraient si bien de ces premières leçons ton oreille novice encore et ton esprit attentif, que les mots, pour répondre, s'échappaient dociles de ta bouche, dont ta langue savait déjà corriger la rudesse!; nous n'avons rien ajouté de triste à ces enseignements!: les avis d'un vieillard grondeur pouvaient te blesser, et leur amertume corrompre de si douces saveurs. Mais aujourd'hui que l'élan de ta puberté est dans sa force, que tu sais distinguer la raison d'un enfantillage, que tu peux enfin te tracer à toi-même la règle de tes paroles et de tes actions, reçois de moi, non des leçons, mais les vœux d'un aïeul qui prie pour son petit-fils, et qui le complimente au jour solennel de sa naissance.

… … …

Souris à ma vieillesse qui recule devant le terme fatal, se prolonge sans infirmités, assiste à tes fêtes, et peut contempler encore ces astres presque effacés pour elle, au moment de quitter la vie et d'entrer dans la tombe. Le retour de ton jour natal, petit-fils mon doux miel, m'apporte un double profit, et me fait sentir plus vivement le bonheur de vivre encore!: ta gloire grandit avec ton bel âge, et je puis voir en ma vieillesse l'adolescence de mon petit-fils. Ta sixième triétéride commence et nous ramène les ides de septembre, célèbres par ta naissance!; les ides, noble jour, sanctifié encore par la naissance de plusieurs dieux!; Hécate, fille de Latone, revendique les ides de sextilis[122],

---

[122] Du sixième mois. Vers imité de Martial (1. XII, épigr. 68).

34

et Mercure, admis aux honneurs célestes, les ides de mai!; Virgile consacre les ides d'octobre qui l'ont vu naître. Fêtez longtemps toutes les ides des douze mois de l'année, vous qui célébrez les ides de mon Ausone.

Adieu, petit-fils bien aimé.

VI

CUPIDON MIS EN CROIX

Dédicace d'Ausone à son fils Gregorius[123], Salut.

As-tu jamais vu la nuée peinte sur la muraille!? Oui, tu l'as vue, et tu t'en souviens. C'est à Trèves, dans la salle d'Éole!; c'est là qu'une peinture représente Cupidon mis en croix par des femmes amoureuses, non de celles de notre âge, qui pèchent sans regret, mais par des Héroïnes qui veulent se justifier, et punissent le dieu. Notre Virgile en a compté quelques-unes dans le champ des Pleurs. Le sujet et l'exécution de ce tableau me ravirent d'étonnement. De cette extase d'admiration, je passai à la sottise de versifier. Ici, rien ne me plaît que le titre. Mais je te confie mes erreurs. Nous aimons nos taches et nos cicatrices, et, non contents d'avoir péché seuls et par notre faute, nous cherchons encore à faire aimer nos faiblesses. Mais pourquoi défendre avec tant de chaleur cette églogue!? Je suis sûr que tu aimeras tout ce que tu sauras venir de moi, et j'aspire plus à cela qu'à tes louanges!; Adieu.

---

[123] *Gregorio filio*. On ne sait trop quel était ce Gregorius qu'Ausone, par affection appelle son fils. Un ami de Symmaque qui fut préfet des Gaules en 383!?

Cupidon mis en croix[124]

Dans ces champs aériens que la Muse de Virgile a chantés, où les âmes aimantes, à l'ombre d'un bois de myrtes, égarent leur délire, les Héroïnes promenaient leurs orgies. Chacune portait la marque du genre de mort qu'elle avait subi jadis. Elles erraient dans la vaste forêt, à la lueur d'une clarté douteuse, parmi les tiges de roseaux, les lourds pavots, des lacs taciturnes sans chute, et des ruisseaux sans murmure. Sur ces rivages, à cette lumière vaporeuse, languissent ces fleurs autrefois pleurées sous des noms de rois et d'enfants, Narcisse qui s'admire, Hyacinthe fils d'Œbale, Crocus aux cheveux dorés, Adonis que la pourpre a rougi, Æas de Salamine enfin, qui porte gravé le cri de sa douleur. Tous ces tableaux lamentables des larmes et des angoisses de l'amour, et qui réveillent, même après la mort, le souvenir de la souffrance, rappellent les Héroïnes à leurs anciens jours. Sémélé, trompée pendant sa grossesse, pleure son enfantement hâté par la foudre, et, déchirant dans le vide un berceau embrasé, secoue les feux impuissants d'une foudre imaginaire. Maudissant une vaine faveur, Cénis, si joyeuse autrefois de son sexe viril, gémit d'être rendue à sa première forme. Procris étanche encore sa blessure!; elle chérit toujours la main sanglante de Céphale qui l'a frappée. La jeune fille qui se précipita de la tour de Sestos, élève sa lampe de terre où fume la flamme, et la mâle Sapho[125], que tueront les traits du Lesbien, menace de s'élancer des sommets nuageux de Leucate. La triste Ériphyle refuse la parure d'Harmonia!: malheureuse mère!! épouse non moins infortunée!! Toute la fable de Minos et de la Crète se dessine dans l'air

---

[124] On retrouve comme un souvenir de cette pièce dans l'épisode de *Céphise et l'Amour*, qui termine le *Temple de Gnide* de Montesquieu.

[125] Horace (*Epist.* 1. t, ep. 19, v. 28) donne la même épithète à Sapho, parce que Sapho aimait non seulement les hommes, mais aussi les femmes, «!comme un vrai mâle!».

et perce sous les traits d'une image légère. Pasiphaé suit les traces d'un taureau de neige!; Ariane abandonnée porte un fil roulé dans sa main, et Phèdre regarde avec désespoir sa lettre dédaignée. Celle-ci porte un lacet!; celle-là le vain simulacre d'une couronne!: l'autre rougit de s'être enfermée dans les flancs de la génisse de Dédale. Laodamie plaintive regrette les deux nuits et les caresses perdues de son mari vivant et de son mari mort. D'un autre côté, l'œil menaçant et toutes le fer en main s'avancent dans un horrible appareil!: Thisbé, Canacé, Elissa la Sidonienne, tenant le glaive, l'une de son époux, l'autre de son père, la troisième de son hôte. La Lune elle–même erre en ces lieux!: comme jadis sur les rochers de Latmos, où elle aimait à caresser le sommeil d'Endymion, elle a son flambeau, son croissant et son diadème étoilé. Cent autres, rouvrant les blessures de leurs amours passées, raniment de douces et tristes plaintes et savourent leurs tourments.

Soudain, de ses ailes bruyantes, perçant l'obscurité de la nuit infernale, l'Amour étourdiment arrive au milieu d'elles. Toutes ont reconnu l'enfant Un souvenir rapide leur rappelle l'auteur commun de tous leurs maux. Malgré l'humide brouillard qui l'entoure et voile l'éclat de son baudrier aux bulles d'or, et son carquois, et les feux étincelants de son flambeau, elles le reconnaissent et dirigent contre lui les élans d'une vigueur impuissante. L'ennemi est seul, égaré, loin de son empire!; son vol paresseux se traîne dans l'épaisse vapeur!: elles forment une nuée qui l'enveloppe. Il tremble, il veut fuir!: vains efforts!! on l'entraîne au milieu de la troupe assemblée en conseil. On choisit, dans la triste forêt, un myrte bien célèbre, témoin maudit du châtiment des dieux!: c'est là que Proserpine un jour avait puni le mépris d'Adonis, trop fidèle à Vénus. Au tronc de ce grand arbre, l'Amour est suspendu!: les mains enchaînées derrière le dos, les pieds serrés par des liens, il pleure… Point de ménagements!: il subira sa peine. Il est accusé sans crime, et condamné sans juge. Chacune a hâte de s'absoudre, et de reporter sur autrui le fardeau de sa propre faute. Toutes l'accablent de reproches, et recourent aux instruments du trépas qu'elles ont souffert. C'est autant d'armes pour elles, c'est une douce vengeance pour chacune de chercher à punir l'Amour avec les tourments dont elles ont péri. L'une tient un lacet, l'autre lève sur lui la vaine image d'une épée!; celle-là montre des fleuves profonds, un roc escarpé, les épouvantements d'une mer en furie, un océan sans flots. Plusieurs secouent des flammes, et menacent l'enfant transi de leurs torches qui pétillent sans brûler. Myrrha déchire ses flancs gonflés de grosses larmes, et lance contre le malheureux le succin qui roule en perles de son tronc qui pleure. Quelques-unes, feignant le pardon, veulent seulement se jouer de lui!; elles le piquent de la pointe effilée d'une aiguille, qui fait jaillir ce tendre sang d'où naquit la rose, ou approchent de sa verge les feux effrontés d'une torche. Sa mère aussi, complice du même crime, pénètre d'un pas tranquille au milieu de ce tumulte, et, loin de porter un secours empressé à son fils assailli, elle redouble sa terreur!; elle irrite d'aiguillons plus amers ces nouvelles Furies!; elle fait un crime à son fils de son propre déshonneur, des filets invisibles où Mars fut surpris par son époux, de l'engin honteux qui donne à Priape, enfant de l'Hellespont, un aspect ridicule, de la cruauté d'Éryx, et du sexe demi-mâle d'Hermaphrodite. Et les reproches ne lui suffisent pas!: d'un bouquet de roses, la blonde Vénus frappe l'enfant qui pleure et qui craint pis encore. Une sanglante rosée jaillit de ses membre meurtris sous les coups redoublés de la rose flexible, qui, déjà teinte de sa pourpre, rougit de feux plus vifs son vermeil incarnat. Enfin s'apaisent les fureurs de la rage!: la vengeance paraît plus grande que le crime, et Vénus, à son tour, va se rendre coupable. Les Héroïnes intercèdent et chacune, à cette heure, aime mieux attribuer sa mort à la cruauté du destin. La tendre mère alors les félicite de cette pitié qui désarme leur douleur, et qui remet à l'enfant ses fautes pardonnées.

De nocturnes fantômes apparaissent parfois sous de telles images, et tourmentent de vaines terreurs le sommeil agité. Après avoir ainsi souffert durant cette longue nuit, Cupidon s'échappe, et dissipant enfin ces prestiges d'un songe, prend son vol vers les cieux, et s'esquive par la porte d'ivoire.

VII

BISSULA

Dédicace I!: Ausone à son Paulus[126], salut

Tu l'emportes enfin!; et les mystères de ma muse, voilés jusqu'ici d'une religieuse obscurité, tu les violes, quoique tu ne sois pas un profane, ô mon Paulus bien aimé. Je ne te range pas avec ce vulgaire dont Horace éloigne les approches!: cependant chacun a les secrets de son culte!; autre est celui de Cérès, autre celui de Liber, bien qu'avec les mêmes adorateurs. Je m'étais amusé à chanter ma jeune captive!; et ces vers, imparfaits encore, ébauchés seulement pour me distraire à fredonner au logis, reposaient sans crainte à l'abri du mystère, et voilà que tu forces ces enfants des ténèbres à se produire au jour. Tu ambitionnais les dépouilles de ma modestie!; tu as voulu m'arracher contre mon gré la preuve de ton pouvoir sur moi. Certes, tu as poussé l'obstination plus loin qu'Alexandre de Macédoine, qui, ne pouvant

---

[126] *Paulo suo.* On ne peut guère douter que ce Paulus, comme celui auquel Ausone adresse son *Cento nuptialis*, ne soit Axius Paulus à qui il écrit sa lettre VIII et les six lettres suivantes. On ne sait de lui que ce qu'Ausone nous en apprend. Il était né dans la Bigorre, il avait été le condisciple d'Ausone, soit à Bordeaux, soit à Toulouse!; avait quelque temps plaidé, comme lui, devant les tribunaux!; puis professé la rhétorique!; et comme lui aussi, plus que lui peut-être, il était poète, et il excellait dans tous les genres, dans l'ode aussi bien que dans la tragédie et la comédie. Il est probable qu'il professait à Saintes!; car Ausone dit, dans sa lettre XIV, qu'il a quitté Bordeaux pour venir en Saintonge et se rapprocher ainsi d'Axius. Ce rhéteur avait dans la Bigorre un domaine appelé Crebennus, et il n'en était pas plus riche pour cela, car il tenait encore une école dans sa vieillesse. On ne sait pas plus la date de sa mort que celle de sa naissance!; mais on peut croire qu'il survécut à Ausone, car celui-ci n'eût pas manqué de joindre son éloge funèbre à ceux des autres professeurs de son temps.

délier les courroies du char fatal, les coupa, et qui pénétra dans l'antre de la Pythie un jour qu'il était défendu de l'ouvrir. Use donc de ces vers comme des tiens, du même droit, mais non pas avec la même confiance!: car les tiens n'ont rien à craindre du public, et je rougis des miens au dedans de moi-même.

Tu l'as voulu, Paulus, tu auras tous les vers de la *Bissula*, les chants que j'essayais à la louange de la jeune Suève, plutôt pour occuper mes loisirs que dans l'intérêt de ma gloire. Ennuyeux demandeur, lis ces vers ennuyeux!: tu as fait la pilule, il faut que tu l'avales. Un vieux proverbe veut que le forgeron s'attache aux pieds les fers qu'il a forgés.

Dédicace II!: Au Lecteur

Avant de parcourir ces légers essais d'une muse un peu nue, dépose ta gravité, lecteur. Tu fronceras le sourcil pour juger des œuvres sérieuses!: nous, nous suivons la Thymélé[127]. C'est Bissula qu'on va chanter dans cette ébauche, ce n'est pas l'Erasinus[128]. J'ai un conseil à te donner, c'est de commencer par boire. Je n'écris pas pour un censeur à jeun. Il faut me lire en quittant la table, pour bien faire. Qu'on fasse mieux encore!: qu'on s'endorme, et qu'on se croie sous le charme d'un rêve.

---

[127] *Nos Thymelen sequimur* (v. 4). Thymélé était une danseuse et une mime célèbre, femme du mime Latinus, et de mœurs fort équivoques (*Voir* Martial, liv. I, épigr. 5!; Juvénal, sat. I, t. 36!; VIII, v. 197). Elle devait son nom sans doute à cette partie de l'orchestre, nommée thymélé, sur laquelle jouaient les acteurs de patomimes.
[128] L'Erasinus est un fleuve d'Achaïe, chanté par Ovide (*Métam*, 1. XV, v.!279) et par Stace (*Théb.*, 1. I, v. 357).

La Bissula d'Ausone

En quel pays est née Bissula,
et comment elle vint au pouvoir de son maître.

Bissula est née — !elle y a sa famille et son pays!— au delà des bords glacés du Rhin!; Bissula connaît la source du Danube[129]. La main la prit[130], mais la main l'affranchit, et elle règne sur le bonheur de celui dont elle fut la proie par les armes. Séparée de sa mère, privée de sa nourrice, elle n'a point connu l'autorité d'une maîtresse
………

Elle n'a point senti l'opprobre de sa destinée et de sa patrie!: elle a eu sa liberté sur l'heure, avant de subir l'esclavage. Les bienfaits de l'éducation latine l'ont changée, sans lui enlever ses grâces germaniques, ses yeux bleus et sa blonde chevelure. Son langage et sa beauté donnent à la jeune fille une double origine!: la beauté révèle une enfant du Rhin, et le langage une Romaine.

Sur la même Bissula

Bonheur, délice, joie, amour, volupté, tu es une barbare, mais tu vaux mieux, mignonne, que les poupées du Latium. Bissula, tel est le

---

[129] *Conscia nascentis Bissula Danubii.* Bissula était née chez les *Alemanni*, qu'Ausone appelle les Suèves, et c'est dans leur pays que le Danube prend sa source.
[130] *Capta manu.* Elle avait été prise sans doute dans le combat livré par Valentinien aux Alemanni, en 368, près de Solicinium. Ausone, tout récemment arrivé à la cour, avait suivi l'armée avec Gratien son élève.

nom presque sauvage de la tendre enfant!; il est un peu rude à ceux qui n'y sont pas accoutumés, mais il a bien du charme pour son maître.

A un peintre, sur le portrait de Bissula

La cire et les couleurs ne reproduiront jamais l'image de Bissula!: sa grâce naturelle ne se prête point aux mensonges de l'art. Céruse et vermillon, dessinez d'autres beautés!: les nuances délicates de ces traits échappent à la main de l'homme. A l'œuvre, artiste!! mêle le lis à la rose de pourpre!; confonds-les bien ensemble, et saisis le reflet dont l'air se colore!: c'est la teinte de son visage.

A un peintre.
Le moyen de peindre Bissula.

Si tu veux rendre, ô peintre, les traits de ma mignonne, que ton art rival imite les abeilles de l'Attique[131].

---

[131] *Ars imitetur apes.* C'est-à-dire que le peintre doit choisir parmi les fleurs les nuances les plus fraîches et les plus délicates. Il répète en d'autres termes ce qu'il vient de dire!:

Puniceas confunde rosas et lilia miscre.

Tollius pense, avec quelque raison, qu'après avoir, dans deux préfaces, annoncé à grand bruit ses vers sur Bissula, il est impossible qu'Ausone se soit borné à ces quatre petits poèmes. Il est donc probable qu'une grande partie de cette idylle nous manque. Il paraît qu'entre autres choses, Ausone avait chanté le babil de sa Bissula, d'après le passage suivant cité par Tollius!: *Plautini Saureæ dominatus obdormit, et sua Bissulæ Ausonianæ loquacitas deperit*, etc.

VIII

PRIERE D'AUSONE, CONSUL DÉSIGNÉ, EN RECEVANT LES FAISCEAUX LA VEILLE DES CALENDES DE JANVIER.

Viens, Janus!; viens, nouvel an!; viens, soleil renouvelé!!

Tu verras la curule latine du consul Ausone. Mais que peux-tu admirer, après la majesté impériale[132], aujourd'hui que cette Rome, que cette demeure de Quirinus, que ce sénat dont la toge prétexte rayonne de pourpre, marquent de cet auguste nom la date de leurs années dans les Fastes éternels!? Année, qui commences sous d'heureux auspices, donne au printemps salubre les tièdes souffles du zéphyr!; donne la rosée au solstice du Cancer, un frais Borée aux heures de septembre. Qu'un froid modéré morde les frimas de l'automne, et que, par degrés affaibli, l'été lentement se retire. Que le Notus arrose les semailles!; et que l'hiver se couvre de neige jusqu'au retour de mars, père de l'ancienne année. Que mai respire le parfum des fleurs, sa nouvelle parure!; que juillet cuise les moissons, et soumette la mer aux Eurus. Que Sirius n'augme pas de ses feux les ardeurs du Lion, et que Pomone bigarrée varie les saveurs de ses vergers. Que l'automne attendrisse ce que l'été aura mûri, et que l'hiver, voué aux plaisirs, jouïsse des biens dont on l'a doté. Que le monde vive en paix!; et que les astres funestes n'aient plus sur lui d'empire. Que nulle étoile, ô Gradivus, ne heurte tes pénates[133]!; que nulle ne te soit contraire, ni la

---

[132] Ausone veut dire que le consulat, la seconde dignité de l'empire, n'a plus rien de remarquable, puisqu'il se confond maintenant avec la dignité impériale, puisque les Augustes eux-mêmes deviennent consuls, et que l'éclat du sceptre efface celui des faisceaux.

[133] Il demande que les planètes, dans leur marche, ne heurtent pas celle de Mars, protecteur de l'empire.

Cynthienne, ni le rapide Arcadien, voisin de la terre, ni toi, Saturne, le plus reculé et le plus lent dans ta marche. Tu resteras à distance de Pyroïs[134], et tu parcourras tranquillement ton cercle loin de lui. Allez ensemble, salutaire planète de Jupiter, et toi, Vesper, étoile de Cythérée, et que parfois se joigne à vous le Cyllénien, toujours si bien avec ses hôtes.

Viens, Janus!; viens, nouvel an!; viens, soleil renouvelé!!

Vainqueur de tous nos ennemis!; des Francs, qui, mêlés aux Suèves, s'empressent de se rendre et demandent à combattre dans les rangs latins!; et des hordes vagabondes du Sarmate alliées au Huns!; et du Gète, qui, ligué aux Alains, bondissait insolemment sur les rives de l'Ister (c'est la Victoire, qui, d'une aile rapide, m'apporte ces nouvelles)!; Auguste arrive[135] pour rehausser l'éclat de nos dignités!: il vient ennoblir de ses faveurs des honneurs qu'il eût désiré de partager[136].

Viens, Janus!; viens, nouvel an!; viens soleil renouvelé!!

Au prochain retour de Janus, ô soleil, accorde-nous un bonheur doré. Dans un an César succèdera aux faisceaux d'Ausone, et, pour la cinquième fois, il prendra la prétexte du magistrat romain. Voilà ce qui met pour moi le comble aux honneurs de la pourpre (ô Némésis, que ton oreille m'entende sans colère!!)!: Auguste daigne, après moi, devenir consul. Il semble faire plus que m'égaler à lui, en voulant que mes faisceaux passent avant les siens.

Viens, Janus!; viens, nouvel an!; viens, soleil renouvelé!!

---

[134] *Pyroente*. L'étoile de Mars, à cause de sa lumière d'un rouge de feu.

[135] Gratien, revenu à Sirmium, après la mort de Valens s'y trouvait encore à l'époque où cette pièce a été écrite, en décembre 378. Il ne vint point, comme l'espérait Ausone, pour assister à son entrée en fonctions. Il ne rentra à Trèves que l'année suivante, après avoir battu les barbares et pacifié, selon l'expression d'Ausone, le Rhin et le Danube. Ces victoires de Gratien ne sont rapportées que par Ausone. Ce poème est le seul témoignage qui nous en reste.

[136] *Quos pairticpare cupisset*. Insolence de courtisan et de rhéteur, qui sert de transition et de prétexte aux flatteries qui vont suivre.

Presse par leurs douze issues la fuite des mois qui vont se suivre. Que le soleil dépasse vite un des tropiques, puis qu'il laisse l'autre encore derrière lui, que les deux tropiques subissent ainsi l'influence de cet astre, et que les quatre changements de l'année se succèdent rapidement de trois en trois signes. Hâte la marche des jours de l'été, et que l'hiver aux lentes nuits s'empresse de nous montrer l'année qui nous promet César. Si je puis la voir, alors je serai trois et quatre fois heureux, alors je serai deux fois consul, alors mon front touchera le ciel.

IX

PRIÈRE DU MÊME,
POUR LES CALENDES DE JANVIER[137].

Année commencée sous de favorables auspices, tu vois les heureux débuts du consulat d'Ausone. Découvre, soleil éternel, ton front resplendissant, et, avec plus d'éclat que jamais, épanouis tes rayons de pourpre et la bienfaisante clarté des feux de ton aurore. Année, mère des événements que tu déroules depuis le mois de Janus au double front jusqu'aux derniers jours de décembre glacés par l'hiver, viens, année nouvelle, viens contempler les fêtes du vieux Janus. Parcours tes voies accoutumées, les douze stades de ta carrière, variés d'autant de signes qui se partagent également les saisons, et achève ton cours emporté par une rotation perpétuelle. Roule, entraînée sur les pentes du ciel!; que Phébus avec ordre accomplisse sa tâche, en nous ramenant les jours de diverse durée, et renaisse avec de nouvelles clartés au

---

[137] *Anne, bonis cœpte auspiciis.* Cette prière et celle qui la précède nous donnent une juste idée des véritables croyances d'Ausone. Les anciens consuls, en entrant en charge, offraient un sacrifice à Jupiter et rendaient grâce aux dieux. Ausone n'adresse point ses prières et ses remerciements à Jupiter, il aurait pu déplaire à Gratien!; mais il invoque le soleil, la lune, les étoiles, car, s'il peut croire à quelque chose sans se compromettre, c'est aux astres et aux planètes qui ont enrichi son grand-père et qui ont prédit la grandeur future du *poète-consu*l. Tout conspire donc à prouver qu'il était païen. S'il eût été chrétien, loin de remercier Dieu d'avoir obtenu le consulat, il devait lui demander pardon d'avoir accepté ces honneurs que repoussaient les évêques et les enfants du Christ!; Car, dit M. Beugnot (*Hist. de la destruction du Pagan*, t. Ier, p. 351), «!le christianisme reniait un ordre de choses avec lequel il se sentait incompatible. Ces dignités, cette pourpre si enviée, ces consulats!» vivement sollicités, qu'étaient-ils!? *Les magistratures de la Babylone, le siège injuste de la puissance* (saint Ambroise).!» Saint Augustin a dit aussi (*Psalm. contra part. Donati*, v.91)!: «!Honores vanos qui quærit, non vult cum Christo regnare.!»

départ de l'hiver. Ainsi, après les trente révolutions successives de chacun des mois, reparaîtra le croissant de la lune, et ta main tournera le cercle des levers et des couchers du jour, contenant dans chacun des signes le cours régulier du soleil.

X

LA MOSELLE[138]

J'avais traversé sous un ciel nébuleux la Nava[139] rapide, et j'avais admiré les nouveaux remparts ajoutés à cette bourgade antique[140], où les revers de la Gaule[141] balancèrent un jour les désastres de Cannes, où gisent à l'abandon, dans la plaine, des bataillons que nul n'a pleurés. De là, suivant à travers des forêts sauvages un chemin solitaire, où nulle race de culture humaine ne s'offrit à mes yeux, je dépasse Dumnissus[142], au sol aride et partout altéré, les Tabernes[143] qu'arrose une

---

[138] On croit généralement que ce poème fut composé au retour de l'expédition de Valentinien conte les Alemanni, et en l'honneur de la victoire qu'il remporta sur eux près des sources du Danube en 368. Mais il est probable qu'Ausone le retoucha et l'augmenta depuis cette époque!; car nous verrons plus loin qu'il y parle des différentes dignités dont il ne fut revêtu que dans le cours des dix années qui suivirent. Quoi qu'il en soit, il paraît que cet ouvrage, quand il fut publié, fit grand bruit à la cour et qu'il obtint un merveilleux succès. Symmaque le compare aux poésies de Virgile.

[139] C'est aujourd'hui la Nahe qui se jette dans le Rhin près de Bingen. Tacite (*Hist.* 1. IV, c. 70) parle d'un pont établi sur la Nava à Bingium. Freher pense que c'est sur ce pont qu'Ausone traversa ce fleuve.

[140] Ausone désigne ici Bingen, dont les murailles, ruinées par les barbares, avaient été tout récemment (en 359) réparées par l'empereur Julien (Amm. Marcell., liv. XVIII).

[141] Le poète fait sans doute allusion ici à la défaite de Julius Tutor et des Trévires révoltés, qui furent mis en déroute par Sextilius Felix à Bingen même, l'an 70 de J.-C. (Tacite, *Hist.*, 1, IV, c. 70).

[142] Le lieu nommé *Dumnissus* par Ausone est le même que le *Dumnus* de la table de Peutinger, et les mesures qu'elle fournit en déterminent la position à Simmeren. Les «!forêts sauvages!» du poète désignent le *Sonner-Wald*, entre Bingen et Simmeren.

source intarissable, et les champs mesurés naguère aux colons sarma-tes!; et je découvre enfin, sur les premiers confins des Belges, Nivo-magus, lieu célèbre où campa le divin Constantin[144]. L'air est plus pur en ces campagnes, et Phébus dont l'éclat resplendit sans nuage, dé-voile enfin l'Olympe éblouissant de pourpre. L'œil n'a plus à percer une voute de rameaux entrelacés, pour chercher le ciel que lui déro-bent de verts ombrages!; l'air est libre, et la transparente clarté du jour ne cache plus aux regards ses limpides rayons étincelant dans l'espace. Je revis alors comme une image de ma patrie, de Burdigala, de sa brillante culture, à l'aspect riant de toutes ces villas dont les faî-tes s'élèvent au penchant des rivages, de ces collines où verdoie Bac-chus, et de ces belles eaux de la Moselle qui roulent à leurs pieds avec un doux murmure.

Salut, fleuve béni des campagnes, béni des laboureurs!; les Belges te doivent ces remparts honorés du séjour des empereurs[145]!; fleuve riche en coteaux que parfume Bacchus, fleuve tout verdoyant, aux ri-ves gazonneuses!: navigable comme l'océan, entraînée sur une douce pente comme une rivière, transparente comme le cristal d'un lac, ton onde en son cours imite le frémissement des ruisseaux, et donne un breuvage préférable aux fraîches eaux des fontaines!: tu as seul tous les dons réunis des fontaines, des ruisseaux, des rivières, des lacs, et de la mer même, dont le double flux ouvre deux routes à l'homme. Tu promènes tes flots paisibles sans redouter jamais le murmure des vents ou le choc des écueils cachés. Le sable ne surmonte point tes ondes pour interrompre ta marche rapide, et te forcer de la reprendre!; des terres amoncelées au milieu de ton lit n'arrêtent point ton cours, et tu ne crains pas qu'une île, en partageant tes eaux, ne t'enlève l'honneur mérité du nom de fleuve. Tu présentes une double voie aux navires, soit qu'en se laissant aller au courant de ton onde, les rames agiles

---

[143] Marquard Freher est porté à croire qu'on trouve *Tabernæ* dans Bern-Castel, sur la Moselle, un peu au dessous de Numagen, et où conduit une ancienne chaussée qui part des bords du Rhin.
[144] Ausone a suivi la route militaire ainsi indiquée par la Carte de Peutinger!: *Mo-gontiaco!; Bingium, XII!; Dumno, XVI!; Belginum, VII!; Noviomago, X!; Aug. Tres-virorum, VIII.*
[145] *Dignita imperio… mœnia.* Trèves, où les empereurs, depuis Constantin jusqu'à Gratien, ont eu leur résidence.

frappent ton sein agité!; soit qu'en remontant tes bords, attaché sans relâche à la remorque, le matelot tire à son cou les câbles des bateaux. Combien de fois, étonné toi-même du retour de tes eaux refoulées, n'as-tu pas pensé que ton cours naturel s'était ralenti!? L'herbe des marécages ne borde pas tes rives, et tes flots paresseux ne déposent point sur tes grèves un limon impur. Le pied qui t'approche ne se mouille jamais avant d'avoir effleuré tes ondes.

Allez, maintenant!! semez le sol uni des incrustations de la Phrygie, étendez une plaine de marbre sous les lambris de vos portiques!! Moi, je méprise ces magnificences du luxe et de la richesse!: j'admire les œuvres de la nature, et non ces recherches des dissipateurs, ce faste d'une folle indigence qui rit de sa ruine. Ici une arène solide recouvre d'humides rivages, et ne retient point l'empreinte fidèle des pas qui l'ont foulée. L'œil plonge à travers ta surface polie dans tes profondeurs transparentes, tu n'as rien de caché, ô fleuve. Ainsi que l'air nourricier étale à ciel ouvert, à tous les yeux, ses fluides clartés, quand les vents endormis ne troublent point les regards dans l'espace!; de même, si la vue pénétrante s'enfonce au loin dans les abîmes du fleuve, nous apercevons à découvert ses retraites mystérieuses, quand ses flots roulent paisibles!; et le cours limpide des eaux nous laisse entrevoir les divers objets qu'il éclaire de ses reflets d'azur!: ou le sable qui se ride, sillonné par la vague légère!; ou le gazon qui s'incline et tremble sur le fond de verdure. Au-dessous de ces eaux qui l'ont vue naître, l'herbe s'agite battue par le flot qui passe, le caillou brille et se cache, et le gravier nuance la mousse verdoyante. C'est un tableau connu des Bretons de la Calédonie, quand le reflux laisse à nu l'algue verte et le rouge corail, et ces blanches perles écloses des coquillages, les riches délices des mortels, et tous ces bijoux qui façonnent les mers à l'imitation de nos parures. Ainsi, sous le paisible courant de la riante Moselle, l'herbe bigarrée découvre les cailloux dont elle est mêlée. Cependant l'œil tendu se fatigue à voir aller et venir ces essaims de poissons qui glissent en se jouant. Mais il ne m'est pas permis de décrire tant d'espèces, et leurs obliques circuits, et ces bandes qui se suivent en remontant le fleuve, et les noms et toutes les familles de ces peuplades nombreuses!: un dieu me le défend, le dieu qui reçut en partage le second lot de l'empire du monde et la garde du trident des mers.

O Naïade qui habites les bords de la Moselle, montre-moi les groupes du troupeau qui porte écaille, et décris-moi ces légions qui nagent dans le sein transparent du fleuve azuré.

Le Meunier écaillé brille parmi les herbes sablonneuses!: sa chair très molle et criblée d'arêtes serrées, et il ne peut se conserver plus de six heures pour la table. La Truite a le dos étoilé de gouttes de pourpre!; la Loche n'a pas pour nuire la pointe d'une épine, et l'Ombre légère échappe aux regards par la célérité de sa marche. Et toi, longtemps ballotté dans les gorges de l'oblique Saravus, où bouillonnent les bouches frémissantes de six piles de pierre, quand tu glisses, ô Barbeau, dans de plus nobles ondes, plus libre en ton essor, tu nages au large. Tu as meilleur goût dans le plus mauvais âge, et de tous les êtres qui respirent, tu es le seul dont la vieillesse ne soit pas sans prix. Je ne te passerai pas sous silence, ô Saumon, toi dont la chair a l'éclat de la pourpre!: du milieu de l'abîme, les coups vagabonds de ta large queue se répètent à la surface, et ton élan caché se trahit sur l'onde endormie. Ta poitrine est cuirassée d'écailles, ton front est lisse!: tu peux faire l'ornement d'un repas ambigu, et tu supportes sans te corrompre les délais d'une longue attente!: ta tête est semée de taches remarquables!; ton large ventre tremble sous le poids d'une panse gonflée de graisse. Et toi, qu'on pêche dans les mers d'Illyrie, dans les flots de l'Ister aux deux noms, Lotte, toi qu'on devine à l'écume qui surnage, tu passes aussi dans notre océan pour que le large fleuve de la Moselle ne soit point privé d'un hôte aussi célèbre. De quelles couleurs la nature a su te peindre!! Ton dos est marqué de points noirs qu'un cercle jaunâtre entoure. Le long de ta peau lisse s'étend une teinte bleuâtre!: chargé de graisse jusqu'au milieu du corps, de cette partie jusqu'à l'extrémité de la queue, ta peau est sèche de maigreur. Toi non plus, délices de nos tables, je ne t'oublierai pas, ô Perche, fille des fleuves comparable aux poissons des mers, et qui seule peux le disputer sans peine au Surmulet pourpré!; car ton goût n'est pas sans saveur!: les parties de ton corps charnu se composent de segments divisés par des arêtes. Là aussi, ce poisson plaisamment désigné par un prénom latin, l'hôte de étangs, l'ennemi acharné des criardes grenouilles, le Brochet, recherche des trous obscurs dans les herbes et la vase. Sans attraits et sans usage pour nos tables, il va bouillir dans les tavernes enfumées de sa vapeur fétide. Qui ne connaît la verte Tanche, ressource du vulgaire, et l'Ablette, facile proie des hameçons de l'enfant, et l'Alose grillée au foyer pour le régal du peuple!? Et toi, qui participes de deux espèces, qui, sans être ni l'une ni l'autre, est de l'une et de l'autre, toi qui n'es pas encore le Saumon et n'es déjà plus la Truite, tu tiens, Truite saumonée, le meilleur entre ces deux poissons, et tu dois avoir, pour être pêchée, la moitié de leur âge. Il faut te chanter aussi parmi ces enfants du fleuve, toi dont la longueur n'excède pas deux mains sans les pouces, Goujon au corps très gras, arrondi, allongé, mais plus trapu quand ton ventre est gonflé d'œufs!; Goujon, dont les barbes imitent les tentacules effilés du Barbeau. A toi mes louanges à présent, gibier de mer, énorme Silure, au dos empreint des reflets de l'olive actéenne, et que je regarde comme le Dauphin des rivières, à te voir ainsi promener au large ta vaste masse, ne déroulant qu'à peine toute l'étendue de ton grand corps au sein des eaux trop basses et des herbages qui le gênent. Mais quand tu poursuis majestueusement ta marche dans le fleuve, à ta vue les verts rivages, à ta vue la troupe azurée des poissons, à ta vue l'onde limpide s'émerveille. La vague bouillonne, se divise et reflue en courant sur l'une et l'autre rive. Ainsi parfois, dans les gouffres de l'Atlantique, si, poussée par les vents ou par son élan vers la plage, la Baleine refoule les flots qui se déchirent, les vagues surgissent immenses, et les montagnes voisines tremblent de décroître. Mais lui, mais cette douce Baleine de notre Moselle, loin d'être un fléau, est un honneur de plus pour ce grand fleuve.

Assez longtemps déjà nous avons contemplé les plaines liquides et dénombré leurs légions luisantes et leur mille cohortes. Que l'aspect de la vigne nous présente d'autres tableaux!; que les dons de Bacchus attirent nos regards errants sur la longue chaîne de ces crêtes escarpées, sur ces rochers, ces coteaux au soleil, avec leurs détours et leurs renfoncements, amphithéâtre naturel où s'élève la vigne. Ainsi la grappe nourricière revêt les coteaux du Gaurus et du Rhodopé, ainsi de son pampre brille le Pangée, ainsi verdoie la colline de l'Ismarus qui domine les mers de Thrace, ainsi mes vignobles se reflètent dans la blonde Garonne. Suivant, du pied de la montagne, le penchant qui monte jusqu'à la dernière cime, le vert Lyéus se montre partout sur les bords du fleuve. Le peuple joyeux à l'ouvrage, et l'alerte vigneron parcourent avec empressement, les uns le sommet de la montagne, les autres la croupe incliné de la colline, et se renvoient à l'envie de grossières clameurs!: ici le voyageur qui chemine en bas sur la rive, plus loin le batelier qui glisse sur l'onde, lancent aux campagnards attardés des chants moqueurs que répètent les rochers, la forêt qui frissonne, et la vallée du fleuve.

Et la scène de ces paysages ne divertit pas seulement les mortels. Là aussi je croirais voir les rustiques Satyres et les Naïades à l'œil bleu accourir ensemble sur ces bords, quand une folle pétulance agite les Pans aux pieds de chèvres, et qu'ils bondissent sous les eaux, épouvantant leurs sœurs tremblantes au fond du fleuve, dont ils battent les vagues de coups forcenés. Souvent aussi, après avoir dérobé des raisins sur les collines, Panopé, fille de l'onde, se mêle aux Oréades qu'elle aime, pour éviter les Faunes, lascives divinités des campagnes. On dit même qu'à l'heure où le soleil en feu s'arrête au milieu de son cours, les Satyres et leurs humides sœurs se réunissent au bord de leur fleuve commun, pour y former des chœurs, pendant que la chaleur dans toute sa force éloigne de leurs secrets ébats l'approche des mortels. Alors les Nymphes de bondir en folâtrant sur leurs ondes, de plonger au fond des eaux les satyres, sûres d'échapper toujours aux mains de ces inhabiles nageurs, qui, croyant en vain saisir leurs membres glissants, n'embrassent, au lieu d'un corps, que les vagues ruisselantes. Mais ces jeux n'ont jamais eu de témoins, et nul regard n'a osé les surprendre!; si j'ai pu sans crime les révéler en partie, que le reste demeure ignoré, et que le respect couvre à jamais ces mystères confiés au rivage. Voici un spectacle dont l'œil peut jouir en liberté. Quand l'azur du fleuve répète les ombrages de la colline, l'eau paraît avoir des feuilles, la rivière semble plantée de vignes. Quelle teinte colore les ondes lorsque Hesperus allonge les ombres du soir, et projette sur la Moselle la montagne verdoyante!! Tous ces coteaux nagent sous l'ondulation qui les balance, le pampre absent frissonne, et la vendange se gonfle dans le cristal des eaux. Le batelier trompé compte les ceps verdoyants, le batelier qui vogue en sa barque d'écorce au milieu des ondes, là où l'image de la colline se confond avec le fleuve, et où le fleuve reflète la limite des ombres.

Quel doux tableaux encore viennent charmer les yeux, quand les batelets que fait marcher la rame joutent sur les flots, décrivent mille détours, ou rasent sur les verts rivages les tendres herbes que les prés tondus laissent poindre encore!! A la vue de ces alertes patrons qui bondissent de la proue à la poupe, de ces jeunes rivaux qui s'ébattent sur le dos du fleuve, on oublie que le jour passe!; à ses travaux on préfère leurs jeux, et le plaisir présent efface les soucis de la vielle. Tels sont les jeux que Liber contemple sur la mer de Cumes, en parcourant les coteaux cultivés du Gaurus sulfureux, et les vignes du Vésuve qui vomit la fumée, quand Vénus, dans la joie des triomphes remportés par Auguste près d'Actium, ordonne aux amours folâtres d'imiter, en se jouant, ces combats furieux que les flottes du Nil et les trirèmes du Latium se livrèrent sous les remparts de Leucade l'Apollonienne!; ou quand, sur l'Averne mugissant, les barques eubéennes retracent la bataille de Myles, si fatale à Pompée!: chocs innocents, luttes pour rire, dont la Sicile et Pélore sont les témoins et dont la mer azurée répète la verte image. Tel est l'aspect que présente cette pétulante jeunesse, avec sa puberté, son fleuve, et les rostres peints de ses nacelles!; et lorsque le soleil verse sur ces matelots ses flammes verticales, le miroir des eaux réfléchit leurs formes et réduit les ombres écrasées de leurs corps renversés!: et, suivant que leurs mouvements agiles s'opèrent ou de la droite ou de la gauche, et qu'ils déposent ou reprennent tour à tour la rame pesante, l'onde dessine d'autres matelots et reproduit leur humide ressemblance. Les jeunes bateliers s'amusent à voir ainsi leur image!: ils admirent ces figures trompeuses que le fleuve ramène toujours. Ainsi, pour lui montrer l'arrangement de sa chevelure, quand pour la première fois, à son élève chérie, la nourrice présente la blanche surface du miroir dont l'éclat au loin rayonne, l'enfant jouit à plaisir d'un prestige dont elle ignore la cause!; elle croit voir les traits d'une jeune sœur, elle donne au métal brillant des baisers qu'il ne sait pas lui rendre!; elle veut toucher ces aiguilles, et de ses doigts qu'elle porte vivement au bord du front, elle essaye de lisser encore cette chevelure. De même nos matelots, devant ces ombres qui les abusent, jouissent de ces formes indécises de la fiction et de la réalité.

Cependant, aux lieux où la rive donne un accès facile, une foule dévastatrice fouille en tous sens les abîmes du fleuve. Pauvre poisson, hélas!! que protégeront mal ses retraites profondes!! Un pêcheur, traînant au loin en pleine eau ses lins humides, balaye des essaims de poissons qui se prennent en ses mailles noueuses. Un autre, à l'endroit où le fleuve promène des flots paisibles, étend ses filets qui flottent avec leurs signaux de liége. Celui-là du haut d'un rocher, se penche sur l'onde, incline la tige courbée d'une verge flexible, et lance ses hameçons garnis d'amorces mortelles. Ignorant le piège, le peuple errant des eaux s'y précipite en ouvrant une gueule avide, et sa mâchoire béante a senti, mais trop tard, la piqûre du fer caché. Le blessé se débat!: ce mouvement le trahit à la surface!; par secousses la soie tremble, et le roseau qu'elle agite obéit et se balance. Aussitôt la main de l'enfant tire obliquement sa proie, et l'arrache d'un coup de sa ligne qui déchire l'air en criant. Ce bruit frappe l'écho qui le répète, comme parfois les sons brisés du fouet qui claque dans l'espace et fait siffler les airs qu'il ébranle. L'humide butin sautille sur la roche aride, redoutant les traits mortels de la lumière du jour. Ce poisson, que sa vigueur soutenait dans son fleuve, s'affaiblit au dehors, et notre air qu'il aspire consume bientôt sa vie. Déjà son corps épuisé bat le sol de palpitations moins vives!: déjà retombent les derniers tremblements de sa queue engourdie!; ses lèvres ne se ferment plus, et l'air que sa gueule béante avait absorbé, ses branchies le rejettent en exhalant le souffle de la mort. Ainsi quand le soufflet allume les feux d'une forge, le tampon de laine, qui joue dans sa prison de hêtre, reçoit et repousse le vent tour à tour. J'ai vu des poissons palpitants, déjà près de mourir, recueillir leurs forces, se soulever d'un bond, et s'élancer pour retomber dans le fleuve, où ils retrouvaient un élément qu'ils n'espéraient plus revoir. Et l'enfant, qui regrette sa proie, se précipite étourdiment du haut de la rive, et tente follement de la ressaisir à la nage. Ainsi Glaucus d'Anthédon, dans les mers de Béotie, après avoir goûté les mortels herbages de Circé, cueillit des plantes que ses poissons mourants avaient touchées, et s'élança dans l'océan de Carpathos, sa nouvelle patrie. Ce pêcheur, si redoutable par ses hameçons et ses filets, qui fouillait les abîmes de Nérée, qui balayait les vagues de Téthys, cet écumeur de mer s'en vint nager lui-même au milieu de ces légions, naguère ses captives. Tels sont les tableaux qui se déroulent sur la longue étendue des eaux, à la vue des villas qui penchent suspendues à la crête des rochers. Le fleuve errant les divise, en promenant ses replis sinueux au milieu d'elles!; et, de chaque côté, des châteaux décorent ses rivages.

Qui peut admirer à présent la mer de Sestos, les eaux d'Hellé, fille de Néphélé, et le détroit de l'adolescent d'Abydos!? Et cet océan de Chalcédoine, dont l'œuvre du grand roi réunit les deux rives, à l'endroit même où un euripe[146] partage de ses eaux l'Europe et l'Asie, et leur défend de se rapprocher!? Ici on ne redoute ni la rage des vagues marines, ni les luttes forcenées des Gaurus en furie. On peut enchaîner ici de longs entretiens, échanger tour à tour des paroles suivies. Ces complaisants rivages se transmettent les voix qui se saluent, les voix et presque les mains elles-mêmes!: l'écho, qui va et vient au milieu du fleuve, répète les mots partis de l'un et l'autre bord.

Qui pourrait, parcourant les ornements nombreux et les beautés de chacun de ces domaines, décrire toutes les formes de leur architecture!? Œuvre admirable, que ne mépriserait ni l'artiste ailé de Gortyne[147], fondateur du temple de Cumes, qui essaya de graver sur l'or la chute d'Icare, et ne put surmonter sa douleur paternelle!; ni Philon d'Athènes!; ni ce génie, estimé de l'ennemi lui-même, qui sut prolonger les nobles luttes de la guerre de Syracuse[148]. Peut-être aussi que ces merveilleux travaux de la main et de la science de l'homme ont eu pour auteurs les sept artistes célébrés au dixième volume de Marcus[149]. Ici s'est révélé dans tout l'éclat de sa vigueur, et l'art de Ménécrate, et

---

[146] Nom d'un détroit entre la Grèce et l'île d'Eubée où la mer avait un flux et reflux irrégulier. C'était aussi le nom que les Romains donnaient à un canal d'environ trois mètres de largeur qui, dans les cirques, séparait les gradins de l'arène (NDE).

[147] Dédale.

[148] Archimède.

[149] Ausone désigne ici Marcus Terentius Varron, qui avait composé un ouvrage appelé *Hebdomades*, «!les Semaines!», ou *Libri de imaginibus*, «!Livres des Images!». Varron, dans cet ouvrage, où le nombre 7 jouait un grand rôle (Aulu-Gelle, l. III, c. 10), ce que le titre indique assez, avait fait dessiner les portraits de sept cents hommes illustres (Pline, *Hist. Nat.*, l. XXXV, c. 2), et au bas de chaque portrait, il avait placé une inscription en vers. Aulu-Gelle (l. III, c. 2) et Nonius Marcellus (c. XII, au mot *Luces*) nous en ont conservé des exemples. Varron eut, dans la suite, des imitateurs, Atticus, entre autres (Corn. Nepos, *Atticus*, ch.!XVIII!; Pline, *loco cit.*), et le père de Symmaque, qui composa ainsi, pour le portrait de quatre personnages célèbres de son temps, des épigrammes qui nous restent encore (Symmaque, liv. I, épit. 2 et 4). Il est probable que Varron avait compris les architectes dans cet ouvrage, et c'est à cette partie des *Hebdomades* qu'Ausone fait allusion dans ce passage.

la main qui s'illustra dans Éphèse[150], et celle d'Ictinus qui éleva la citadelle de Minerve, où une chouette, enduite d'un appât magique, attire à elle les oiseaux de toute espèce, qu'elle tue de son regard[151]. Ici peut-être est venu le fondateur du palais de Ptolémée, Dinocharès, qui dressa cette pyramide dont chaque pan carré s'élève en cône, et qui absorbe ses ombres. On lui avait commandé, en mémoire d'une alliance incestueuse, de suspendre Arsinoé dans l'air à la voûte d'un temple égyptien!: un Corus d'agate souffle sous cette coupole, et son haleine enlève la jeune reine attirée par un cheveu de fer[152]. Oui, on doit croire que ces artistes, ou d'autres semblables, ont tracé le dessin de ces édifices des campagnes de la Belgique et disposé ainsi les superbes villas qui sont la parure du fleuve. L'une se dresse sur un massif de roche naturelle!; une autre est assise sur la pointe avancée du rivage!; celle-ci s'éloigne et attire avec elle les replis du fleuve qu'elle captive!; celle-là, occupant une colline qui domine au loin le fleuve, peut à son aise contempler en souveraine les lieux cultivés ou sauvages, et, grâce à la richesse du coup d'œil, jouir de ces terres comme de son domaine. Une autre enfonce son humble pied dans les fraîches prairies!; mais les avantages naturels de la haute montagne sont compensés pour elle par l'élévation de son faîte qui s'élance menaçant dans les airs, et par cette tour colossale qu'elle montre comme Pharos, sœur de Memphis. Cette autre a seule le privilège d'enfermer et de prendre le poisson que la rivière amène entre les cavités de ses rochers, dont les plateaux en culture sont échauffés par le soleil!? Une dernière repose sur un pic escarpé, et n'entrevoit qu'à travers un

---

[150] Ctésiphon.

[151] Nulle part ailleurs il n'est fait mention de cette chouette automate inventée par Ictinus.

[152] Ausone rappelle ici le temple que Ptolémée Philadelphe avait fait construire à la reine Arsinoé, sa sœur et sa femme, dans Alexandrie, par l'architecte Dinocharès, et dont la voûte était en aimant (Pline, *Hist. Nat.* l. XXXIV, c. 42 ou 14), pour que la statue de la princesse, qui sans doute était en fer, attirée par cet aimant, parût suspendue an l'air. Ausone semble dire que, sous cette voûte d'aimant, Dinocharès avait dessiné ou attaché l'image d'un vent, du Corus, qui paraissait attirer à lui Arsinoé, pour l'enlever comme Borée enleva Orithye. Mais pourquoi cette image!? Parce qu'Arsinoé, après sa mort, fut appelée *Zephyritis* ou *Chloris* (Catulle, LXVI, 54).

brouillard le fleuve qui roule à ses pieds. Que dirai-je de ces portiques semés sur de vertes prairies, de ces toits soutenus de colonnes sans nombre!? Et de ces bains[153] qui fument sur la grève, quand Vulcain, aspiré par l'étuve brûlante, souffle et roule ses flammes dans les conduits cachés de la muraille, et promène partout sa vapeur enfermée dont la chaleur s'exhale au dehors!? J'ai vu des baigneurs, qu'une sueur abondante avait épuisés, dédaigner les froides eaux des cuves et des piscines, pour jouir des eaux courantes, et, retrouvant bientôt leur vigueur dans le fleuve, frapper et refouler en nageant ses vagues rafraîchissantes. Si un étranger arrivait ici des murs de Cumes, il croirait que Baïes l'Eubéenne a voulu donner à ces lieux un abrégé de ses délices[154] tant leur recherche et leur propreté ont de charme, sans que le plaisir qu'on y goûte exige aucun luxe.

---

[153] Symmaque fréquenta assidument les bains mosellans!:

> Ubi corniger Lyæus
> Operit superna Gauri!;
> Vulcanus æstuosis
> Media incoquit cavernis!;
> Tenet ima pisce multo
> Thetis et vagæ sorores.
> Calet unda, friget æthra!;
> Simul innatat choreis
> Amathusias renidens,
> Salis arbitra et vaporis,
> Flos siderum, Dione.

«!Lyæus encorné couvre les sommets du Gaurus!; Vulcain, dans ses cavernes bouillantes, cuit le centre de la montagne!; Thétis règne au bas avec ses poissons nombreux et ses sœurs vagabondes. L'onde brûle, l'air est froid. Dans ces eaux nage et s'ébat la rieuse Amathusienne, la reine des flots et des flammes, la fleur des astres, Dioné.!»

(Symm. liv. I, épit. 8)

[154] Regianus a révélé le secret de l'influence voluptueuse des tièdes eaux de Baïes, dans ces vers (*Anthol. lat.*, l. III, ep. 28)!:

> Ante bonam Venerem gelidæ per litora Baiæ.
> Illa natare lacus cum lampade jussit Amorem.
> Dum natat, algentes cecidit scintilla per undas.
> Hinc vapor ussit aquas!: quicumque natavit, amavit.

Mais comment cesser enfin de chanter tes vertes ondes et de vanter ta gloire, ô Moselle, rivale de l'océan, sans dire ces innombrables rivières qui viennent au loin se joindre à toi par diverses embouchures!? Elles pourraient retarder leur jonction, mais elles ont hâte de confondre leur nom dans le tien. Grossie des eaux de la Pronéa et de la Némésa[155], la Sura[156], qui n'a pas démérité, s'empresse de se rendre dans ton sein!; la Sura, qui t'enrichit des affluents qu'elle a reçus, et fait plus pour sa gloire en s'attachant ainsi à ton nom, que si elle allait se perdre par des embouchures ignorées dans l'océan commun. C'est à toi que le Gelbis rapide, à toi que l'Erubrus[157] renommé pour ses marbres, apportent les baisers empressés de leurs ondes esclaves!: le Gelbis qui nourrit des poissons si vantés!; l'Erubrus qui tourne avec vitesse la roue de pierre sur le grain qu'elle écrase, et qui traîne sur le marbre poli la lame stridente de la scie, dont le continuel sifflement se fait entendre sur ses deux rives. Je passe la faible Lesura, et le pauvre Drahonus[158], et je ne parle pas du ruisseau méprisé de la Salmona[159]. Chargé de navires, depuis longtemps le Saravus aux larges et bruyantes ondes m'appelle en déployant tous les plis de sa robe!: il prolonge exprès son cours pour déverser ses eaux fatiguées sous les remparts de la cité impériale Non moins forte, et coulant sans bruit à travers de grasses campagnes, l'heureuse Alisontia[160] effleure des rivages couverts de moissons. Mille autres, selon que leur élan les entraîne, veulent s'unir à toi!: autant la masse de leurs eaux est grande, autant ces rivières empressées ont d'ambition pour cet honneur. Si Smyrne, si l'illustre Mantoue t'eut donné son poète[161], divine Moselle, le Simoïs tant vanté sur les plages troyennes te cèderait la palme, et le Tibre n'oserait préférer sa gloire à la tienne. Pardonne-moi, Rome puis-

---

«!Avant la bonne Vénus, Baïes était glacée sur le rivage. Vénus ordonna à l'Amour de nager sur le lac avec son flambeau. Comme il nageait, une étincelle tomba dans les froides eaux. Depuis, la flamme embrasa l'onde, et qui nagea, aima.!»

[155] *Pronœœ Nemesœque.* La *Prüm* et la *Nymss.*

[156] *Sura.* La *Saur* ou *Sour.*

[157] *Gelbis… Erubrus.* La *Kyll* et la *Rouwer.*

[158] *Lesuram… Drahonum.* La *Lieser* et la *Dhros.*

[159] *Salmonœ.* La *Salm.*

[160] *Alisontia.* L'*Alsetz.*

[161] Virgile.

sante!; repousse, je t'en conjure, et l'envie, et Némésis qui n'a point de nom dans la langue latine!; les pères de Rome eux-même ont placé là le siège de l'empire.

Salut, mère féconde en fruits comme en grands hommes, ô Moselle, toi qu'une illustre noblesse, toi qu'une jeunesse exercée aux armes, toi qu'un langage rival de la langue du Latium[162] pare de tant d'éclat!! La nature a donné à tes enfants des mœurs douces et un esprit enjoué sous un front sévère!: Rome n'est pas la seule qui puisse citer des Catons antiques!; Aristide, ce fidèle observateur de la justice et de l'équité, n'est plus seul digne de ce titre qui honore la vieille Athènes. Mais où vais-je, emporté trop loin par mes rênes flottantes, et subjugué par trop d'amour!? Je compromets ta gloire. Muse, renferme ta lyre, et que nos derniers vers résonnent sur ses cordes vibrantes Un temps viendra où, charmant mes ennuis dans les travaux d'un obscur loisir, et réchauffant mes derniers beaux jours au soleil de la poésie, je chanterai, soutenu par la grandeur du sujet, les hauts faits de chacun des héros belges, et les vertus et les nobles gloires de ma patrie. Les Piérides me fileront des vers faciles et déliés, elles sèmeront ce fin tissu d'élégantes broderies, et la pourpre même sera donnée à nos fuseaux. Que ne dirai-je pas alors!? Je louerai la paix du laboureur, le savoir du magistrat, la puissante parole de l'orateur, sublime appui des accusés!; je chanterai ces hommes, chefs suprêmes de la curie dans leurs municipes, et sénateurs dans leur propre ville!; ceux que leur éloquence, renommée dans les écoles de la jeunesse, a élevés au rang glorieux du vieux Quintilien!; ceux qui ont gouverné leurs cités, qui n'ont point souillé de sang leur tribunal, et qui ont illustré d'innocents faisceaux!; ceux qui ont régi les peuples de l'Italie!; puis, appelés à la deuxième préfecture[163], ont commandé aux Bretons, enfants de l'Aquilon!; celui enfin qui gouverna Rome, la capitale du monde, et le peuple et le sénat, sous un nom qui n'en avait qu'un avant lui dans l'empire!: celui-là, bien qu'il ait été au-dessus des princes, il se hâte, ô

---

[162] Il ne peut s'agir ici que du Gaulois. Saint Jérôme témoigne que les Celtes d'Asie mineure, les Galates, parlaient toujours, en ce IVᵉ siècle, la même langue que les Trévires.

[163] *Præfecturarum titulo tenuere secundo.* Il désigne la préfecture des Gaules, qui comprenait la Gaule Transalpine, les Espagnes et la Bretagne. La première préfecture était celle d'Italie.

Fortune, d'abjurer ton erreur!; ces honneurs, qu'il a goûtés à peine, il n'en jouira pleinement qu'en les rendant à leurs vrais maîtres, à ces nobles héritiers des empereurs qui remonteront au faîte des dignités suprêmes. Mais achevons, il en est temps, notre œuvre commencée. Différons l'éloge des hommes, pour revenir à ce fleuve si heureux en sa marche riante au sein des vertes campagne, et consacrons-le dans les flots du Rhin.

A présent, ô Rhin, déroule ta robe d'azur et les vers replis de ton voile, mesure une place à ce nouveau fleuve qui veut t'enrichir de ses ondes fraternelles et ses eaux ne sont pas le seul don qu'il t'apporte!: mais il vient des murs de la ville impériale!; il a vu les triomphes ré-unis d'un père et de son fils, vainqueurs partout, sur le Nicer, à Lupo-dunum[164], aux sources de l'Ister inconnues dans les anales du Latium. Ce dernier laurier de leurs armes t'est venu naguère!; d'autres sui-vront, puis d'autres encore. Vous, marchez unis, et, de votre double cours, refoulez ensemble la mer étincelante. Ne crains pas, ô Rhin majestueux, de paraître affaibli!: ton hôte ne connaît point l'envie. Reste maître à jamais de ton nom!; ta gloire est assurée!; ne refuse pas d'adopter un frère riche en eaux, riche en Nymphes, ton lit fera la part de chacun!; il divisera sa masse en deux branches, et ouvrira diverses embouchures à vos courants communs. Arriveront sans peine alors des forces qui feront trembler les Francs, les Chamaves et les Germains!: tu seras la véritable barrière de l'empire. Tu recevras, de l'union d'un si grand fleuve, un double nom!; et quoique tu coules d'une source unique, ont t'appellera le Rhin à deux fronts.

Ainsi, Vivisque d'origine, moi qui ne suis connu des Belges que par les liaisons récentes de l'hospitalité, moi Ausone, Italien par le nom[165], qui ai ma patrie et mes foyers entre l'extrémité des Gaules et les hautes Pyrénées, là où la riante Aquitaine adoucit l'âpreté des mœurs naïves, ainsi j'osais chanter sur une faible lyre. Qu'on ne me fasse pas un crime d'avoir essayé, en l'honneur d'un fleuve sacré, cet humble hommage de ma muse. Je ne recherche point la louange, je sollicite un pardon. Beaucoup d'autres, près de toi, fleuve nourricier,

---

[164] *Hostibus exactis Nicrum super et Lupodunum.* Le *Neckar* et *Ladenburg.*
[165] *Ausonius, nomen Italum.* Jeu sur le double sens du mot *Ausonius*, qui signifie aussi *Ausonien* ou *Latin*.

aiment à puiser aux saintes sources d'Aonie, et boivent toute l'Aganippé. Moi, pour peu que ma veine me donne de sève encore, quand Auguste le père, quand son fils, si cher à mon amour, me renverront à Burdigala, ma patrie, au nid de ma vieillesse, et m'auront paré des faisceaux d'Ausonie et des honneurs de la curule, après le temps accompli de l'enseignement que j'ai commencé, je reprendrai avec plus d'étendue l'éloge de mon fleuve du nord!: je dirai aussi les villes qui se baignent dans tes ondes silencieuses, et les antiques forteresses dont les murailles te contemplent. Je dirai ces asiles construits pour les jours de péril, et qui ne sont plus les arsenaux, mais les greniers de la Belgique pacifiée. Je dirai les heureux laboureurs qui cultivent tes deux rives, et tes flots qui, mêlés au travaux des hommes et des bœufs, coulent en pressant leurs bords, et sillonnent de grasses campagnes. Nul autre ne peut te disputer le pas!: ni la Loire, ni l'Aisne rapide, ni la Marne qui passe aux confins des Gaules et de la Belgique, ni la Charente elle-même, où reflue la mer de Saintonge. Tu lui céderas aussi, Dordogne, qui roules du sommet glacé d'une montagne!; et la Gaule ne pourra lui préférer le Tarn aux sables d'or!; et ce torrent furieux qui se précipite en bondissant au loin de rochers en rochers, l'Adour des Tarbelles devra rendre hommage à la divinité de la Moselle sa souveraine, avant d'entrer dans la mer étincelante.

O Moselle, parée de cornes, on doit te célébrer aux plages étrangères, te célébrer partout et non pas seulement aux lieux où, jaillissant de ta source, tu découvres l'éclat doré de ton front de taureau, où tu traînes à travers les champs tes ondes calmes et sinueuses, aux ports enfin de la Germanie, où s'ouvre ton embouchure. Si quelque souffle de gloire soutient mon humble essor, si quelqu'un daigne perdre ses loisirs à lire ces vers, tu voleras sur les lèvres des hommes, et tu vivras dans mes chants applaudis. Tu seras connue des fontaines, des sources vives, connue des fleuves azurés, des antiques forêts qui font l'orgueil des campagnes!; pour toi la Drôme, pour toi la Durance qui porte çà et là sa course incertaine, pour toi les fleuves des Alpes auront des hommages, ainsi que le Rhône lui-même, qui traverse une cité qu'il partage, pour donner aussi un nom à sa rive droite[166]. Et moi, je te recommanderai aux flots bleus des étangs, aux grandes rivières mugissantes, à l'océan de ma Garonne.

---

[166] *Duplicemque per urbem*. Arles. Le poète fait probablement allusion à cette seconde partie de la ville d'Arles qui venait d'être édifiée par Constantin sur la rive droite du fleuve.

XI

GRIPHE[167] SUR LE NOMBRE TROIS

Dédicace!: Ausone à Symmaque[168], salut

Ignoré jusqu'ici, cet ouvrage restait enfoui avec d'autres bagatel-les!: plût au ciel qu'il y fût encore, et qu'il ne se perdît pas comme la

---

[167] *Griphus*. Du grec γρῖφος, *énigme*.

[168] «!Symmaque était fils de L. Aurelus Avianus Symmachus, qui fut préfet de Rome en 364. Pour lui, il est nommé Q. Aurelius Symmachus à la tête de ses *Lettres*, dans Macrobe et dans une inscription. Il a eu au moins trois frères, morts avant l'an 389. Symmaque épousa Rusticienne, dont on marque qu'elle lui tenait quelquefois le flambeau pendant qu'il lisait et qu'il travaillait. Elle était fille d'Orfite, qui fut longtemps préfet de Rome sous Constance, mais qui eu diverses disgrâces!: de sorte que Symmaque n'en eut aucun bien. Il ne laissa pas de passer pour un des riches sénateurs de Rome, quoique non pas des plus riches, mais des médiocres. Il n'eut qu'un fils nommé Q. Fabius Memmius Symmachus. Il était grand pontife du paganisme, ce qui paraît assez souvent dans ses *Lettres*. Il fut questeur, préteur, correcteur de la Lucanie et des Brutiens en 365 ou 368, proconsul d'Afrique en 370 ou 373, préfet de Rome en 384, et consul ordinaire en 391. Son inscription le qualifie comte du troisième ordre. Symmaque s'était acquis la réputation d'un orateur très éloquent. Il publia plusieurs de ses harangues, qui ne lui réussirent pas néanmoins!; de sorte qu'il ne voulut plus s'appliquer qu'à écrire des lettres, et c'est la seule chose qui nous en reste. Nous en avons dix livres, qui furent publiés après sa mort par son fils, ses lettres ayant été gardées par ses copistes, et par un de ses amis nommé Elpide.!» (Tillemont, *Hitst. des Empereurs*, t. v, p. 407 et 409.)

L'écrit le plus précieux qui nous soit resté de Symmaque, est le discours adressé à Valentinien pour le rétablissement de l'autel de la Victoire, peu de mois avant la chute et la mort de ce jeune empereur.

souris, en se montrant. C'est moi qui, comme le coq d'Euclion[169], le déterrai de la poussière où moisissent mes paperasses!: après l'avoir secoué, je le relus!; et, comme un avide usurier, j'aimai mieux placer cette mauvais pièce que la garder. Puis, repassant en mon esprit, non ce vers de Catulle!:

A qui donner ce joyeux livre neuf!?

mais cet autre, moins poétique et plus vrai!:

A qui donner ce livre insipide et sans art!?

je n'ai pas longtemps cherché!; car tu étais là présent à ma pensée, toi que je choisirais toujours, si je n'avais que le choix d'un seul entre tous les hommes!: et je t'ai envoyé ces badinages plus futiles que les claies des Siciliens[170], pour que tu les lises quand tu n'as rien à faire, et pour t'empêcher ainsi de n'avoir rien à faire. Donc, ces pages frivoles, à demi déchirées déjà par des lectures secrètes mais vulgaires, arriveront enfin entre tes mains. Alors, ou comme Esculape[171], tu les rappelleras à la vie, ou comme Platon, Vulcain aidant[172], tu les sauveras de la honte, si elles ne doivent pas parvenir à la renommée.

Voici à quel sujet je m'occupai de ces bagatelles. Dans une expédition[173], et tu sais que c'est là une occasion pour la licence militaire, on

---

[169] *Velut gallinaceus Euclionis.* Souvenir d'une scène de l'*Aulularia* (v.!421), où Euclion raconte que son coq, en grattant autour de l'endroit où sa marmite était cachée, a failli découvrir son trésor.

[170] *Gerris Siculis vaniora.* Selon Festus au mot *Cerrones*, les Siciliens se servaient de ces claies d'osier en guise de boucliers, dans leurs guerres contre les Athéniens.

[171] *Ut Æsculapius.* Quand Hippolyte eut été déchiré par ses chevaux emportés, Esculape, à la prière de Diane, lui rendit la vie.

[172] *Ut Plato.* Platon, dans sa jeunesse, s'était exercé à la poésie!; mais ayant comparé ses vers à ceux d'Homère, il les jeta au feu en parodiant un vers de l'*Iliade* (1. XVIII, v. 392)!: «!A moi, Vulcain!! Platon a besoin de ton aide.!»

[173] *In expeditione.* Ausone ne suivit les expéditions militaires que lorsqu'il eut été nommé précepteur de Gratien, c'est-à-dire après l'année 368. La date de cette pièce est ainsi facile à déterminer.

proposa, à ma table, de boire, non, comme au repas de Rubrius[174], à la manière grecque!; mais comme en cette ode d'Horace[175] où, pour célébrer le milieu de la nuit, la lune nouvelle et l'augure Muréna, le poète en son délire demande trois fois trois coupes. A cette citation sur le nombre trois, notre gale poétique se mit à nous gratter, et comme c'est un mal dont la contagion est facile, je souhaite que la démangeaison te gagne aussi, et qu'en ajoutant à cette ébauche le vernis de tes corrections tu lui jettes l'éponge qui acheva l'imparfaite image du cheval sans écume[176]. Et tu sauras que c'est une œuvre dont je puis être fier!; car ces vers, commencés en dînant, je les ai terminés avant la fin du repas, c'est-à-dire en buvant, ou un peu avant de boire. Il faut donc que la critique ait égard au sujet et au temps. Toi-même, ne lis cela qu'avec une pointe de vin et de gaieté, car il n'est pas juste qu'un poète peu sobre ait pour juge un lecteur à jeun.

Je n'ignore pas qu'il se trouvera quelque censeur au nez fin, au front rechigné, pour condamner ce badinage, et dire que je n'ai pas traité tout ce qui avait rapport aux nombres trois et neuf. C'est parler vrai, je l'avouerai!; mais juste, je le nie!: car, avec un peu de bon vouloir, il reconnaîtra que ces lacunes ne sont pas des oublis, mais des omissions volontaires. Quel qu'il soit d'ailleurs, qu'il songe, en y réfléchissant, combien de ces rapprochements il n'eût point trouvés, s'il eût cherché lui-même. Qu'il sache aussi que je n'ai point usé de toutes mes découvertes, et que j'ai abusé de quelques bonnes rencontres. Combien de choses, en effet, sur le nombre trois j'ai à dessein négligées!! les temps[177], les personnes[178], les genres[179], les degrés de com-

---

[174] *Non illa de Rubrii convivio, ut Græco more biberetur.* — *Voir*, sur ce Rubrius, Cicéron, in *Verr.*, act. II, 1. I, c. 25 et 26.

[175] *Sed illa de Flacci ecloga.* Horace, 1. III, ode 19, v. 11 et suiv.

[176] *Impingas spongiam, quæ imperfectum opus equi male spumantis absolvat.* Allusion à l'histoire si connue du peintre Néalcès, racontée par Valère Maxime, 1. VIII. Ch. II, § 7 extr., et par Pline, *Hist. Nat.*, 1. XXXV, c. 36 ou 9. C'est aussi une allusion à cet usage des anciens, qui effaçaient avec une éponge sur le papyrus ou le parchemin les endroits qu'ils voulaient corriger.

[177] *Tempora.* Le présent, le passé, le futur.

[178] *Personas.* La première, la seconde et la troisième personne.

[179] *Genera.* Le masculin, le féminin et le neutre.

paraison[180], les neuf mètres naturels[181] et les trimètres, et toute la grammaire[182], et la musique[183], et les livres de médecine[184], le trois fois très grand Hermès[185], et le premier philosophe[186], et les nombres de Varron[187], et tout ce que le profane vulgaire n'ignore pas lui-même. Enfin, ce qui est facile, quand il aura beaucoup trouvé, qu'il établisse une comparaison entre lui et moi, entre un homme occupé et un homme qui prend son temps, entre un homme à table et un homme à jeun, entre un amusement, un pur badinage comme le mien, et une censure étudiée, une chicane comme la sienne. L'un peut trouver plus que l'autre, personne ne trouve tout. Que si je parais obscur à quelqu'un, voici comment tu pourras me défendre. D'abord, des tours de force de ce genre ne sont rien s'il ne sont obscurs!; ensuite un vers, par nature, n'est pas un jonc, pour être sans nœuds. Enfin, si je suis obscur même pour toi qui as tout lu et tout compris, alors je serai heureux,

---

[180] *Gradus*. Le positif, le comparatif, le superlatif.

[181] *Novem naturalia metra*. L'ïambique, le trochaïque, le dactylique, l'anapestique, le choriambique, l'antipastique, les deux ioniques et le péonique. *Voir* Hermann, *Elem. Doctrinæ metricæ*, 1. II, c. I.

[182] *Totam grammaticam*. Les noms, les verbes et les particules indéclinables!; les verbes actif, passif, neutre, etc.

[183] *Musicam*. Martianus Capella fait dire par la Musique elle-même!: *Tria tantum mei genera putabantur*!: Εἰδικόν, Ἀπεργαστικόν, Ἐξαγγελτικόν (IX, § 936, p. 732 de l'éd. de Kopp, 1836, in-4°).

[184] *Librosque medicinæ*. Le nombre trois revient en effet souvent dans la médecine!: la physiologie, la pathologie et la thérapeutique!; le triple flux de ventre dans Hippocrate, la triple fièvre dans Galien, etc.

[185] *Ter maximum Hermen.* — *Voir* sur Hermès trismégiste l'art. *Hermès* de la *Biographie universelle* de Michaud, partie mythologique.

[186] *Amatorem primum philosophiæ*. Pythagore. *Pythagorei*, dit Cicéron (*Academ.*, I, 1. II, c. 37), *ex numeris et mathematicorum initiis proficisci volunt omnia*. Pythagore et ses disciples donnaient à l'intelligence ou au principe actif de l'univers le nom de *monade* ou d'unité, parce qu'il est toujours le même!; à la matière ou au principe passif celui de *dyade* ou de multiplicité, parce qu'il est sujet à toutes sortes de changements!; au monde enfin celui de *triade*, parce qu'il est le résultat de l'intelligence et de la matière. Voir Barthélemy, *Voyage du jeune Anacharsis*, ch. XXX.

[187] *Varronis numeros*. Aulu-Gelle (1. III, c. 10) nous apprend que Varron avait écrit sur le nombre *sept*. Il paraît qu'il s'était aussi occupé du nombre trois.

j'aurai atteint mon but!: car je veux que tu me recherches, que tu me désires, que tu penses à moi. Adieu.

Griphe sur le nombre Trois

Bois trois coups ou trois fois trois coups!: telle est la loi mysti-que[188]!; il faut qu'on boive trois coups ou qu'on multiplie par trois ces trois coups, afin de produire le cube[189] par la triple répétition du nom-bre impair neuf. Trois a la même forme que trois fois trois!; tout est là!: le premier développement du germe de l'homme, l'accomplis-sement régulier de l'enfantement[190], le terme suprême de la vie après neuf fois neuf années!; les trois frères enfants d'Ops[191]!; puis ses trois filles, les trois sœurs!: Vesta, Cérès et Junon!; puis le triple dard des foudres de Jupiter!; puis Cerbère, puis le trident, et le triple œuf d'où naquit Hélène avec ses frères. Trois fois pour Nestor une pourpre nou-velle emplit les fuseaux des Parques[192], et, plus vivace encore, la cor-neille dure trois fois trois âges!: elle compterait trois fois neuf siècles révolus, que le cerf aux pieds d'airain l'emporterait sur elle de trois fois trois. Nestor, surpassé lui-même de trois âges par l'oiseau de Phé-bus[193], qui le cède à son tour à l'oiseau du Gange[194], lequel vieillit neuf

---

[188] *Sic mystica lex est.* C'est la loi imposée par le roi du festin. Les convives étaient tenus, sous peine d'amende, d'exécuter ses ordres (Plutarch., *Sympos.*, I, 4). Il fixait à chacun le nombre de coupes qu'il devait vider (Plaute, *Stichus*, v. 687)!: c'était ordinairement trois ou neuf, le nombre des Grâces et celui des Muses. Au-sone dit *mystica lex*, parce que les anciens attachaient aux nombres des propriétés mystérieuses.

[189] *Cubum.* Ce cube est 27.

[190] *Forma hominis cœpti, plenique exactio partus.* Le germe garde communément le nom d'*embryon* jusqu'au troisième mois de la conception!; on l'appelle *fœtus* ensuite, et ce n'est qu'au neuvième mois que son développement s'achève.

[191] *Tres Ope progeniti fratres.* Jupiter, Neptune et Pluton, enfants d'Ops et de Sa-turne.

[192] *Purpura.* Le fil de pourpre, comme le fil d'or, était le symbole d'une vie heu-reuse.

[193] *Phœbeius oscen.* Le corbeau.

[194] *Gangeticus... ales.* Le phénix.

fois davantage en son nid de cinname où sa tête rayonne. On connaît la triple Hécate, les trois fronts de la vierge Diane, les trois Grâces, les trois fatales Sœurs, les trois tons de la voix, les trois éléments, et les trois Sirènes de la Sicile, qui, triples en tout, sont trois oiseaux, trois demi-déesses, trois demi-filles, forcées de disputer la palme aux trois fois trois Muses[195], par le gosier, la main, le souffle, avec le buis, la corde, ou la voix en chantant!; les trois parties de la philosophie[196], les trois guerres Puniques, les changements trimestriels des années et du ciel, et les trois veilles durant la nuit[197]. La sentinelle en retard, qui laissa surprendre Mars, chante trois fois l'éclatant signal de l'approche de l'Aurore[198]. Un héros, conçu dans l'ombre d'une nuit triplée[199], éleva trois fois quatre trophées des dépouilles qu'on lui avait demandées. Le nombre des poètes lyriques[200] est le même que celui des filles de Mnémosyne!: elles n'étaient que trois autrefois, placées sous la main d'Apollon[201]!: mais le Cithéron en consacra trois fois trois en airain, la

---

[195] *Ter tribus ad palmam jussæ certare Camænis. Voir* Pausanias, *in Bœot.*, XI, 34.

[196] *Tres sophiæ partes.* La morale, la physique, la logique.

[197] *Tergemini vigiles.* La nuit des Grecs était divisée en trois parties seulement, ainsi qu'on le voit dans Homère et Théocrite. Les Romains partageaient la nuit en quatre veilles, qui étaient de trois heures chacune!: par conséquent chaque sentinelle veillait trois heures.

[198] *Ter clara instantis Eoi Signa canit serus deprenso Marte satelles.*Théocrite (*Idylle* XXIV, v. 63) dit que le coq chante trois fois pour annoncer le jour. Ausone, selon la plupart des commentateurs, fait ici allusion à la fable racontée par Lucien dans son dialogue intitulé!: Ὄνειρος ἢ Ἀλεκτρυών.

[199] *Et qui conceptus triplicatæ vespere noctis.* Hercule. On connaît l'histoire d'Amphitryon.

[200] *Et lyrici vates.* Aux huit poètes lyriques, on joint ordinairement Sapho. *Voir* Ausone, épigr. XXXII.

[201] *Tres solas quondam tenuit quas dextera Phœbi.* Il n'y eut que trois Muses d'abord (Pausan., 1. IX, c. 29), guidées, conduites, gouvernées par Apollon,!: car c'est ainsi, je crois, qu'il faut entendre *tenuit quas dextera Phœbi*, plutôt que de supposer, comme tous les commentateurs, des statues d'Apollon portant les images des Muses dans la main droite!: Macrobe (*Saturn.*, 1. I, c. 17) dit qu'Apollon était représenté tenant dans la main les Grâces, et non les Muses. Dans la suite, une ville de Béotie commanda des statues de ces trois Muses à trois artistes, afin de choisir les mieux faites pour les dédier à Apollon. Ces trois artistes ayant également réussi, la ville n'osa choisir, et acheta les neuf statues, à chacune desquelles Hésiode donna ensuite un nom. Cette histoire, qui se trouvait dans Varron, nous a été conservée

religion de nos pères craignant d'en rejeter six. Les jeux de Terentum se célèbrent pendant trois fois, et la nuit[202], comme les triétériques à Thèbes en l'honneur de la double naissance de Bacchus. Les trois premiers combats de Thraces, exécutés par trois paires de gladiateurs, furent un hommage lugubre rendu par les fils de Junius aux funérailles de leur père[203]. Le monstre qui demanda!: «!Quel animal peut avoir deux pieds, quatre pieds, et trois pieds, sans cesser d'être le même[204]!?!» triple énigme dont le prix était l'alliance d'une reine, le Sphinx[205], terreur de l'Aonie[206], avait trois formes!: oiseau, lion et fille, il était oiseau par les ailes, lion par les pieds, et fille par le visage. Trois hôtes brillent réunis au temple Tarpéien[207]. La demeure de l'homme s'achève par le concours de trois arts différents!: l'art qui élève les pierres en murailles, celui qui place les poutres du comble, et celui qui revêt la cloison de sa derrière parure. Le quadrantal de Bromius et les médimnes de Sicile contiennent, pour nos besoins, l'un trois, et les autres deux fois trois modius[208]. En physique, trois principes!: Dieu, la matière et la forme. Trois espèces dans toute espèce de génération!: l'engendrant, l'engendrante, et l'engendré. La figure du triangle se dessine sous trois aspects!: le triangle équilatéral, celui qui

---

par saint Augustin (*De Doctrina Christ.*, 1. II, c. 27). Elle explique les deux vers qui suivent.

[202] *Trina Terentino celebrata trinoctia ludo.* Sur les jeux Térentins ou Séculaires, *voir* Valère Maxime, 1. II, c. 4, n° 5, et Rome au siècle d'Auguste, par M. Dezobry, t. II, p.!370.

[203] *Tribus ordine bellis.* Le premier spectacle de ces combats fut offert aux Romains par Marcus et Decius Brutus, l'an 488, à l'occasion des funérailles de Junius Brutus, leur père. *Voir* Valère Maxime, 1. II, c. 4, n° 7.

[204] *Qui bipes, et quadrupes foret, et tripes*!? Tout le monde sait que le mot de cette énigme c'est l'homme, quadrupède dans son enfance parce qu'il se traîne sur les pieds et sur les mains, bipède dans la force de l'âge où ses deux jambes soutiennent seules, et tripède dans sa vieillesse où il s'appuie sur un bâton.

[205] Il a été représenté sur une pierre antique (Gorlæus, *Dactyl.*, part. II, n°!527), tenant un jeune homme qu'il a pris pour le faire servir à ces étranges amours.

[206] Jocaste avait promis sa main et le trône de Béotie, qu'Ausone appelle ici l'Aonie, à celui qui devinerait l'énigme du Sphinx.

[207] *Trina in Tarpeio fulgent consortia templo.* Ces trois hôtes du Capitole étaient Jupiter, Junon et Minerve.

[208] *Æquilatus, vel crure pari, vel in omnibus impar.* L'isopleure, l'isocèle et le scalène.

a deux côtés égaux, et celui qui sur tous est inégal. Le nombre parfait se forme de la réunion de trois parties!; de sorte que ce nombre, composé de trois fois trois, se décompose par trois fois trois. Trois est le premier nombre qui contienne un nombre pair, un impair, et un milieu, l'unité!: mais cette unité elle-même, qui est le milieu de trois, est aussi le milieu de cinq et de sept. Placée au centre du nombre entier, elle coupe chacun des trois nombres pleins dont l'ensemble forme le cube, en détachant deux nombres pairs de la réunion des trois impairs, et cette unité est aussi le triple milieu de trois nombres pairs, lorsque entre quatre, entre six, entre huit, elle est le centre qu'on distingue[209]!. Trois sortes de droit sanctionnées par les Douze-Tables!: le droit sacré, le droit privé, et le droit public. Trois espèces d'interdits!: *Unde vi, Utrobi et Quorum bonorum*[210]. Trois moyens d'acquérir la liberté[211], et

---

[209] *Tres coit in partes numerus perfectus.* L'énigme contenue dans ces neuf vers a beaucoup occupé les commentateurs, qui l'ont expliquée chacun à sa manière, ce qui prouverait peut-être qu'on n'en a pas encore trouvé le mot. Voici l'explication qu'en donne Lemaire, en partie d'après Tollius, et en partie d'après Wernsdorf le fils. Le nombre parfait désigné ici par Ausone, c'est *neuf* (c'est *trois* d'après Tollius et Fleury), composé de trois fois trois unités, *congrege ter trino*, iii iii iii. *Trois* est le premier nombre, *primus*, qui contient un nombre pair ii, un impair i, et un milieu I, et ce I partage, coupe, *dividit*, trois iIi, cinq iiIii, et sept iiiIiii. Placé au centre du nombre entier, qui est *neuf* iiiiIiiii, il coupe chacun des trois entiers, *solidos trientes*, qui forment ce cube, *cubo pergente*, iIi iIi iIi, en séparant ainsi iiiiIiiii deux nombres pairs iiii iiii de la réunion de ces trois impairs iIi iIi iIi!; et dans ce même nombre *neuf*, cette unité devient le triple milieu de trois nombres pairs, *paribus triplex medium*, quand elle est intercalée, *quum secernitur*, entre quatre iiii, de cette manière iiIii, entre six iiiIiii, et entre huit iiiiIiiii. Au vers 57, quelques éditions portent *cubo pereunte*, ce qui est pus juste!: ce cube est *huit*, iiiiiiii, et l'unité le détruit en le partageant ainsi!: iiiiIiiii, ce qui fait *neuf*. Tollius, dans ses *Omissa Commissa*, et Fleury ont donné de ces vers une interprétation plus savante, repoussée par Lemaire, qui ne croit pas qu'Ausone ait mis assez de malice dans son énigme pour exiger un Œdipe aussi ingénieux que Fleury. L'abbé Jaubert a aussi donné son explication, mais comme il n'a pas pour habitude de comprendre les passages les plus faciles de son auteur, il est douteux qu'il ait vu clair à débrouiller ce logographe. On trouvera d'autres particularités assez curieuses sur les propriétés du nombre *neuf* (la plupart présentées par Fontenelle) dans les *Nouvelles de la république des Lettres* (Bayle, *Œuvres diverses*, t.,!I, p.!363, 406, 490 et 664).
[210] *Interdictorum trinum genus.* Ce sont les interdits relatifs à la possession (*Instit. de Justinien*, 1. IV, t. 15). L'interdit *Unde vi*, pour recouvrer la possession, était ainsi conçu (*Dig.*, 43, 16, 3, §!9, f. Ulp.)!: *Unde tu illum vi dejecisti, aut familia tun*

trois manières de changer d'état[212]. Trois genres d'éloquence!: le sublime, le tempéré, le simple. Trois doctrines dans l'art de guérir!: le dogme, la méthode et l'empirisme!; et un triple but dans la médecine!:conserver, prévenir, guérir. Trois genres de style oratoire[213]!: celui qui vient de Rhodes, royaume du Colosse!; celui qu'Athènes et l'Attique préfèrent, et celui que traîna de la scène aux bancs austères du forum la prose asiatique, imitant dans ses plaidoyers les cadences des chœurs. Du nombre trois vient le trépied d'Orphée, parce qu'il y a

---

dejecit, de co, quæque ille tunc habuit, tantummodo intra annum, vost annum de co, quod ad eum pervenit, judicium dabo. L'interdit *Utrobi* était donné pour retenir la possession. En voici la formule (*Dig.*, 43, 31, *De utrub*i, I pr.)!: *Utrubi hic homo, quo de agitur, majore parte hujusce anni fuit, quominus is eum ducat, vim fieri veto.* Enfin l'interdit *Quorum bonorum*, qui se donnait pour acquérir la possession, c'était conçu en ces termes (*Dig.*, 43, 2. *Quorum bonorum*, I pr.)!: *Quorum bonorum ex edicto meo illi possessio data est, quod de his bonis pro herede aut pro possessore possides, possideresve, si nihil usucaptum esset, quod quidem dolo fecisti, ut desineres possidere, id illi restituas.*

[211] *Triplex libertas.* Il y avait trois manières d'affranchir les esclaves!: 1° par la baguette, *per vindictam*, quand le préteur, en présence du maître, touchait avec une petite baguette la tête de l'esclave, en disant!: «!Je déclare que cet homme est libre, *jure Quiritium*!;!». 2° par le cens, *censu*, quand un esclave, avec le consentement du maître, était inscrit par les censeurs au nombre des citoyens!; 3° et enfin par testament, *testamento*.

[212] *Capitisque minutio triplex* (v. 65). Il s'agit des trois changements d'état (*Instit. de Justinien* 1. I, t. 16). Trois éléments constituaient l'état, *status* ou *caput*, du citoyen romain!: la liberté, la cité, la famille. C'est trois éléments pouvaient se perdre par divers événements. «!La perte de la liberté entraînait celle des deux autres éléments!; la perte de la cité entraînait celle de la famille, en laissant subsister la liberté!; enfin la perte de la famille n'altérait en rien la liberté ni la cité. Dans les deux premiers cas, l'état de citoyen romain était détruit, n'existait plus, *status amittitur*. Dans le troisième, l'état de citoyen romain subsistait toujours, mais il était modifié, puisqu'on sortait de la famille pour entrer dans une autre, ou pour en commencer soi-même une autre, *status mutatur*. Ces événements se nommaient tous les trois *capitis deminutio*, «!diminution de tête!:!» le premier, *maxima*, la grande!; le second, *media*, la moyenne, et le troisième, *minima*, la petite, la moindre diminution de tête.!» (*Explication hist. des Instit. de Justinien*, par M. Ortolan, Ire part., tit. I, ch. 2, § 4).

[213] *Tres oratorum cult*us. Cette distinction est établie par Quintilien, 1. XII, ch.!10.

trois éléments!: la terre, l'eau, le feu[214]. Trois choses à observer dans les astres!: la position, la distance, la forme. Trois modes dans la musique[215], et cette musique, mère des modes, est triple elle-même!: musique écrite dans les livres, musique secrète des corps célestes, musique publique du théâtre[216]. La cité de Mars, Rome, est triple!: les chevaliers, le peuple, le sénat. Du nombre trois on a fait les tribus, et les tribuns créés au mont Sacré[217]. Trois escadrons de chevaliers[218], et trois noms pour la noblesse[219]!; les cordes ont trois noms[220], les mois trois noms aussi[221]. Triple est Géryon, triple l'assemblage de la Chimère[222], triple Scylla, composée de trois corps!; chien, vierge et poisson. Les Gorgones, les Harpies, les Furies marchent par trois!; par trois aussi ces prophétesses qui portent le nom commun de Sibylles, et dont les fatales prédictions, renfermées en trois livres, se conservent

---

[214] *Orpheos hinc tripodes.* Selon Vinet, *tripodes* est au singulier avec la forme grecque, τριπόδης. On suppose qu'Orphée, dans un poème où il chantait l'eau, la terre et le feu, représentait ces trois éléments comme le trépied qui soutenait l'univers.

[215] *Et modus.* Le mode dorien, le phrygien et le lydien.

[216] *Mixta libris.* L'harmonie des vers et de la prose. — *Vulgata theatris.* Le chant et le son des instruments.

[217] *Hoc numero Tribus et sacro de monte Tribuni.* Romululus institua les tribus en divisant le peuple en trois parties. Varron (*de Ling. Lat.,* 1. v, § 81) indique ainsi l'origine du nom des tribuns!: *Tribuni militum, quod terni tribus tribubus Ramnium, Laceram, Titium, olim ad exercitum mittebantur. Tribuni plebei, quod ex tribunis militum primum tribuni plebei facti qui plebes defenderent, in secessione Crustumerina.*

[218] *Tres equitum turnæ.* Les trois centuries de chevaliers, formées, selon Tite-Live (1. I, c. 13), après l'enlèvement des Sabines!: *Eodem tempore et centuriæ tres equitum conscripta sunt, Ramnenses ab Romulo, ab Tito Tatio Titienses adpellati, Lucerum nominis et originis causa incerta est.*

[219] *Tria nomina nobliliorum.* Le prénom, le nom et le surnom.

[220] *Nomina sunt chordis tria.* Dans les tétrachordes des anciens, la première corde se nommait ὑπάτη, *gravis,* la seconde, μέση, *media,* et la troisième νήτη, *acuta.*

[221] *Sunt tria nomina mensi.* Les calendes, les nones, les ides.

[222] *Triplex compago Chimœrœ.* Elle avait la tête d'un lion, la queue d'un dragon, le corps d'une chèvre.

par les soins de trois fois cinq magistrats[223]. Bois trois coups!: le nombre trois est au-dessus de tout!: le Dieu un est triple[224]. Enfin, pour que ce badinage lui-même n'aille pas atteindre un nombre sans valeur, qu'il ait dix fois trois fois trois vers ou dix fois neuf vers.

---

[223] *Quos ter quinorum servat cultura virorum.* Les trois livres Sibyllins (il y en avait neuf, selon d'autres) furent confiés d'abord aux duumvirs, puis aux décemvirs, et enfin aux quindécemvirs des sacrifices, chargés des jeux Séculaires.

[224] *Tres Deus unus* (v. 88). «!Rien ne montre mieux, dit M. Ampère, le peu de place que tenait le christianisme dans l'imagination d'Ausone, que son *Griphe*, petit poème bizarre dans lequel il énumère tous les objets qui sont au nombre de trois. Toutes les triades mythologiques s'y trouvent. mais, vers la fin seulement, il se rappelle que dans les quatre-vingt-sept vers qui précèdent, il a oublié la Trinité, et il lui accorde, non pas tout un vers, non pas la moitié d'un vers, mais trois mots. Mention bizarre du dogme de la Trinité, jetée au bout d'une pièce païenne, et à la fin d'un vers dont le commencement est peu sérieux.!» Ajoutons que c'est une pure moquerie, la moquerie effrontée d'un rhéteur ivre, qui, au milieu des fumées du vin et des «!démangeaisons de sa gale poétique,!» se rappelle, pour en rire, son christianisme de convention, et, selon la remarque spirituelle de M. Demogeot,

Est fidèle à sa pointe encor plus qu'à l'Olympe.

Ce n'est pas sans raison, du reste, qu'Ausone a choisi Symmaque pour lui adresser ces vers. Le cadeau, s'il ne pouvait satisfaire l'élégant orateur par la richesse de la poésie, devait flatter sa ferveur païenne par son appareil mythologique, et surtout par cette profane saillie contre la Trinité.

XII

TECHNOPEGNIE[225].

Ausone à Pacatus, proconsul[226]

Je sais que d'autres ne sauront point proportionner la louange à la mesure de mon travail!; mai si tu m'accordes ton suffrage, alors, comme dit Afranius dans sa *Thaïs*!:

J'aurai trouvé plus de gloire que de peine.

Ce sont des monosyllabes que tu vas lire, et comme certains points de discours. Là, nulle place à la période, nul ensemble dans les pensées!; point de proposition, de reddition, de conclusion, aucunes de ces beautés de la sophistique qui ne peuvent entrer dans un seul vers!: mais ces monosyllabes se tiennent comme les différents anneaux d'une même chaîne. Habitué à des compositions plus graves, j'ai voulu aussi broder un tissu léger!: c'est une œuvre de peu de valeur, mais non de peu de gloire, si elle plaît. Tu feras qu'elle soit quelque chose. Car, sans toi, ce ne sera que des monosyllabes, ou moins en-

---

[225] *Technopægnion*. De τέχνη, *art*, et παίγνιον, jouet d'enfant, plaisanterie, enfantillage. Ce poème singulier a eu, comme le *Griphe* et le *Centon nuptial*, ses admirateurs et ses imitateurs. Les poètes modernes se sont plusieurs fois essayés à ces tours de force. Turnèbe a fait en vers latins un griphe sur le nombre *deux*, et Frédéric Morel en a fait un sur le nombre *cinq*, après avoir traduit en vers grecs celui d'Ausone. Tollius a fait un centon en vers grecs composés d'hémistiches pris à Théocrite, et Clément Marot a imité en vers français la *Technopégnie*.

[226] Pacatus n'ayant été proconsul qu'en 390, ce poème date de la vieillesse d'Ausone.

core. Quant à moi, ces vers m'ont rapporté de l'amusement, mais ils m'ont coûté du travail. J'ai donné au recueil le nom de *Technopégnie*, afin que tu ne penses pas que l'amusement a été pour rien dans ce travail, ou l'art dans cet amusement. Adieu.

Ausone à son Paulinus[227]

Je t'ai envoyé ma *Technopégnie*, œuvre inutile de mon désœuvrement. Ce sont des vers qui commencent par des monosyllabes et que terminent des monosyllabes. Mais toute la difficulté n'est point dans cet écueil. Ajoute à cela le tourment de chercher comment le même monosyllabe qui finissait un vers pourrait être le commencement du suivant. Tu peux bien dire!: O temps perdu!! Mais j'en porte la peine!; car je me suis attaché à un sujet frivole!: c'est court, et ça ennuie!; décousu, et tout s'y embrouille!; c'est quelque chose, et n'en tient pas compte. J'ai travaillé pourtant à mettre un peu d'histoire et de dialectique!: car, pour les grâces de la poésie et de la sophistique, la nécessité d'observer les règles les rejette. En somme, il n'y a pas là de quoi crier merveille!; il y a plutôt, en changeant quelques lettres, de quoi crier miséricorde. Ne cherche pas à m'imiter. Si tu descendais jusque-là, tu trouverais plus de dégoût à dépenser ainsi ton esprit et ta verve, que de plaisir à essayer l'imitation. Adieu.

---

[227] *Ausonius Paulino suo.* Ausone vient d'adresser son poème à Pacatus, et il l'adresse de nouveau à Paulin. Cette double dédicace peut s'expliquer ainsi. Le poème entier avait été d'abord dédié à Pacatus!; il est probable qu'il ne commençait alors qu'au vers!: *Æmula Diis, etc.*!; plus tard en l'envoyant à Paulin, Ausone y ajouta cette lettre, ainsi que les seize vers!: *Res hominum fragiles, etc.*, et l'avertissement qui les suit.

Vers commencés et finis par des monosyllabes,
qui, de la fin d'un vers, reviennent au commencement de l'autre.

Les biens fragiles de ce monde

Les biens fragiles de ce monde naissent, se gouvernent ou périssent au gré du sort!: sort incertain et toujours mobile, que soutient la flatteuse espérance!; l'espérance qui n'a point de bornes dans les âges, et dont le seul terme est la mort!; la mort avide, qui se plonge dans les infernales ténèbres de la nuit. La nuit doit s'effacer à son tour, quand reparaîtra la lumière dorée du jour!; du jour, présent des dieux, et que précède le soleil!; le soleil, à qui n'ont pu échapper les amours furtifs de Vénus et du dieu des armes Mars!; Mars, qui n'eut point de père, et qu'adorent la Thrace et son peuple!; peuple sans frein, qui du crime où il se jette se fait un droit!; un droit d'immoler des hommes en sacrifice, car tel est du pays l'atroce usage!; usage atroce d'une race forcenée que n'enchaîne point la loi!; la loi que de son autorité naturelle institua la justice!; la justice, fille de la piété des hommes!; la justice, émanation certaine de la divine intelligence!; l'intelligence, qui, de célestes pensées dont il est digne, arrose le cœur!; le cœur, principe de vie, image du monde[228], vigueur et force de l'âme. De la force, il n'y en a point ici!: car ce n'est qu'un jeu, ce n'est rien.

Il est un vieux dicton!: «!Le plancher suit la poutre[229]!;!» c'est ainsi qu'après ces bagatelles en voici une série d'autres non moins mauvai-

---

[228] *Cor vegetum, mundi instar habens.* A cause de sa forme, qui est presque ronde, comme la terre.
[229] *Sequitur vara vibiam.* — *Vara,* c'est la poutre verticale, *rébia,* la poutre transversale qui s'appuie sur elle. Si la *vara* se brise et tombe, la *vibia* s'écroule avec elle.

ses. Ces vers se terminent aussi par des monosyllabes!; ils commencent à volonté, mais la fin est selon les règles. J'ai essayé, et je n'ai pu réussir que pour les oreilles les plus indulgentes, d'accorder les idées discordantes, de rendre piquantes les plus insipides, d'enchaîner les plus décousues, de donner enfin quelque douceur à l'amertume, des attraits à la laideur, et du poli à la rudesse. Puisse tout cela, en dépit du sujet ingrat qui en gâte le charme, trouver grâce devant une lecture bienveillante. Toi, de ton côté, envoie-moi tes vers, avec plus de confiance, car ils sont meilleurs, afin que nous finissions par un proverbe ce que nous avons commencé par un adage, et que «!les mulets se grattent mutuellement.!»

Émule des dieux, rival de la nature, art, père de toute chose, pour que ce badinage amuse Pacatus, dirige mon œuvre. Malgré la gêne d'une loi déplaisante et contraire à la poésie, elle obtiendra sous un tel juge le droit de se faire comprendre. Car le burlesque même a sa gloire, si le sort ne s'y oppose.

Les membres

De nouvelles dents annoncent que l'enfant touche à sa septième année. Aux approches de la puberté, la voix devient plus mâle. Le front de l'homme brave les vents et les soleils. Les nerfs attachent les durs os à la chair. Plein de vie, de force, de chaleur, le cœur rond palpite sans cesse. Il donne la vigueur à nos pensées que vivifie l'intelligence souveraine, et que la bouche traduit en paroles suivant la loi qui règle son langage. Que de puissance a le fiel jaunâtre, une si mince portion de l'homme!! Que la jambe est grêle, et quelle masse de cors elle supporte!! Sous quel fardeau le pied dirige notre marche!!

Objets sans rapports entre eux

Souvent la dot, si elle est trop forte, est nuisible aux ménages. L'un et l'autre sexe a la puissance, mais le mâle commande en maître. Celui qui fait bien, et non celui qui aspire à dominer, sera roi. Un procès jette le trouble au sein de l'amitié et la désunion dans les alliances. Commence, quoi que tu fasses!; la première partie de l'œuvre est presque l'œuvre entière. La gloire ouvre le ciel aux plus dignes et les place au rang des dieux. Les vertus et les vices, tout est pêle-mêle dans les villes. Dans une place forte, ce qui est plus fort que la place, c'est la citadelle. On fait grand état de l'or, et pourtant l'or se paye avec du cuivre. Les longues journées fatiguent l'homme, mais la nuit le délasse!; la nuit qui manque à l'Éthiopie, à ces peuples qui toujours veillent et jamais ne reposent, car la lumière tourne là dans un cercle éternel, et les éclaire sans jamais s'éteindre[230].

---

[230] *Nox Qua caret Æthiopum plaga.* Ce qu'Ausone dit ici des Éthiopiens, qui, placés sous la zône torride, ont des jours et des nuits d'une durée à peu près égale, ne

Les dieux

Les habitants du ciel ont aussi leurs monosyllabes. La première des divinités est Fas, la Thémis des Grecs[231]. Après elle Rhéa, chez les Latins Ops. Puis le frère de Jupiter et de Consus, le dieu du Tartare, Dis. Puis cette sœur, épouse de son frère, la reine des dieux[232], Vis!; et le père du jour, traîné sur un char à quatre coursiers, le Soleil!; et celui qui soulève les furieuses tempêtes de la guerre, le dieu puissant des armes, Mars, que jamais ne touche la piété, jamais la bonne Paix. Je ne t'oublierai pas, hôte des forêts, dieu du Ménale, Pan!; ni toi, génie des foyers, fils de Larunda[233], Lar!; ni le Nar sulfureux qui commande aux fleuves d'Italie[234]!; ni le Styx, couleur de nuit, qui expie les parjures des dieux!; ni Leuconotus le Libyen[235], qui calme les flots où volent les voiles!; ni enfin la bienfaisante Espérance qui jamais n'abandonne un mortel aux abois.

---

pourrait s'appliquer qu'aux habitants des pôles!; le jour, dans ces régions glacées, est de six mois.

[231] *Prima Deum Fas.* Thémis, fille de Cœlus (le Ciel) et sœur de Jupiter.

[232] *Regina Deum vis.* Les anciens interprètes de Virgile ont reconnu Junon dans ce vers de l'*Énéide* (1. VII, v!; 432)!: *Cœlestum vis magna jabet.* Ausone l'a compris comme eux.

[233] *Larunda progenitus Lar.* Voir Ovide, *Fastes*, 1. II, v. 599!; Lactance, *Instit. divin.*, 1. I, c. 20!; et la *Biographie universelle* de Michaud, partie mythologique, art. *Lara* et *Lares*.

[234] *Sulfureus Nar.* Aujourd'hui *Nera.* Ce fleuve d'Italie coule entre l'Ombrie et la Sabine, et se jette dans le Tibre.

[235] *Leuconotos Libs.* Horace (1. I, ode 7, v. 15) appelle ce vent, qui soufflait de la Libye, *albus Notus*!: c'est la traduction latine du grec *Leuconotos.*

Les aliments

Je ne tairai point les aliments qui, depuis longtemps, sont chez nous en usage!; le sel marin qu'on y ajoute en relève la saveur. Autrefois le gland était une nourriture commune à la brute et à l'homme, avant que, dans les champs, l'épi n'offrît son grain. Bientôt vint la farine, puis la fleur de farine, et, de cette fleur, la pâte, dont le peuple romain jadis garnissait sa table, et qui lui servait de mets, ou de boisson si on la délayait avec de l'eau. La nielle[236] est une plante dont le mordant égale celui du poivre[237]. La lentille plate et ronde est une essence de Péluse. La noix, qui a cinq espèces, est protégée par une double enveloppe. Le miel, que travaille l'active abeille, plaît comme aliment et comme breuvage!: c'est une liqueur de nouvelle nature, car sa lie surnage[238].

---

[236] Plante qui croît dans les blés, et dont la semence est noire. Sous le nom de nielle des blés on a confondu le *nigella arvensis*, L., renonculacées, et l'*agroslemma githago*, L., caryophyllées, toutes deux à graines noires.

[237] *Morsu piper æquiparans gith. Voir* Pline (*Hist. Nat.*, 1., XIX, c. 8 ou 52, et XX, c. 17 ou 71), et les notes de M. Fée, t. XII, page 244 de l'édition Panckoucke.

[238] *Cui summa natat fæx. Voir* Macrobe, *Saturn.*, 1. VII, c. 12.

Faits historiques

La fleur ébalienne[239] te donna, Phébus, une consolation inespérée. Une autre fleur accuse de la mort de Narcisse une fontaine maudite. Un sanglier foudroyant se fait une cruelle gloire du meurtre d'Adonis. Un Lapithe parjure[240] est la dupe d'une nuée qu'il prend pour Junon. Le dieu du Parnasse abuse un Éacide[241] avec un oracle de Delphes. Une vache[242] fend à la nage les mers de Thrace et de Libye, et les vagues Cimmériennes. Nul tronc d'arbre ne tombe sans qu'une Hamadryade ne meure avec lui. La faux de Saturne a coupé ce qui donna naissance à Vénus[243]. Une croix desséchée se dressa au sommet des roches Scythiques, et les oiseaux arrachèrent du corps de Prométhée la sanglante rosée qui trempa la pierre, et créa sur le roc le redoutable aconit. Quand Ibycus périt, la grue volait dans les airs pour sa vengeance[244]. Au tombeau d'un Éacide fut immolée la belle-sœur d'Andromaque[245]. Dans les prisons des Argiens, Philopœmen trouva lentement la mort. Les troisièmes dépouilles opimes vinrent d'un Lars de l'Armorique[246]. Une fin tardive emporte Annibal empoisonné par un breuvage. Quelle puissance d'Asie, digne d'un meilleur sort, un fourbe mit en ruines[247]!! Une torche vengeresse s'alluma sur les ro-

---

[239] *Œbalius flos. Voir* Ovide, *Métam.*, 1. X, v. 162 et suiv.

[240] Ixion.

[241] *Æaciden.* Pyrrhus, qui, trompé par cet oracle à double sens!: «!Aio te, Æacida, Romanos vincere posse,!» fit la guerre aux Romains et fut vaincu.

[242] Io.

[243] *Quo generata Venus.* Les organes virils de Célus, dont la semence prolifique, mêlée à l'écume de la mer, donna naissance à Vénus.

[244] *Ibycus ut periit.* Cette histoire des grues d'Ibycus, rapportée par Suidas, a inspiré de beaux vers à Schiller.

[245] *Andromachœ glos.* Polyxène, sœur d'Hector, immolée au tombeau d'Achille.

[246] *Aremoricus Lars.* Viridomare, chef ou lars des Gaulois Insubriens, vaincu par M. Claud. Marcellus en 222 av. J.-C.

[247] *Res Asiœ quantas leto dedit immeritas fraus.* La ruse de Sinon.

chers d'Eubée[248]. Le fils de Tros le Dardanien se tient près de Jupiter pour remplir sa coupe[249]. Porté sur des ailes rapides, un Crétois s'éleva dans les airs[250]. Un Thrace féroce[251] exerça sur toi, Philomèle, la violence et l'inceste. Le Lydien est barbare, le Gète belliqueux, le Phrygien efféminé, le Ligurien rusé, le Carien sans valeur. Le Sère à la robe traînante file les toisons des forêts. Le Sphinx thébain est connu parmi les monstres à trois corps. Un animal femelle, la Strix, n'est pas moins connue au berceau des enfants[252].

---

[248] *Ultrix flagravit de rupibus Euboicis fax.* Nauplius voulant venger sur les Grecs la mort de son fils Palamède, alluma des feux sur les écueils de l'île d'Eubée, dont il était roi. Plusieurs vaisseaux grecs vinrent s'y briser.

[249] *Generat quem Dardanius Tros.* Ganymède.

[250] *Homo Cres.* Dédale, qui s'envola de l'île de Crète.

[251] *Ferus Thrax.* Térée.

[252] *Muliebre secus, Strix* (. 26). Fleury change *secus* en *pecus*!; à quoi bon!? La strix est un oiseau fabuleux fort célèbre dans l'antiquité. Ovide (*Fastes*, 1. VI, v. 131) et Stace (*Théb.*, 1. I, v. 597) en font une description poétique, mais chacun à sa fantaisie. Plaute (*Pseud.*, v. 809), Tibulle (1. I, élég. 5, v.52), Sénèque (*Herc. fur.*, v. 688), Lucain (1. VI, v. 689), parlent aussi de cet oiseau. Pline le cite sans y croire (*Hist. Nat.*, 1. XI, c. 39 ou 95). Il ajoute que le mot *strix* est devenu une injure. Festus (au mot *Strigas*) dit en effet qu'on appelât *striges* les sorcières. C'est ainsi que d'oiseau la strix devint femme et prit forme humaine. Stace lui donne les traits d'une fille!; Ausone, dans ce vers, en fait un monstre femelle, et, s'il faut en croire le *Dictionnaire de Moreri* (art. *Stryges*), les vampires, en Pologne et en Russie, ont encore le nom de *striges*. Buffon, dans l'oiseau décrit par Ovide, a cru reconnaître l'effraie, qui fait, comme la strix d'autrefois, la terreur des enfants et des femmes de nos campagnes.

La venue du printemps

Quand l'année qui commence ramène le printemps, père des fleurs, tout s'anime!: la forêt verdoie, la campagne brille couronnée d'or. L'arbre étend ses racines, et promet de l'ombrage. La neige, qui ne tombe plus sur la terre à flocons pressés, fond et s'écoule. La fleur exhale son parfum, comme l'encens dont le mont Liban fait sa gloire.

Demandes et réponses.

Qui subit la peine pour le coupable, après une condamnation capitale!? Le répondant. Si c'est une affaire d'argent, qui payera!? La caution. Qui se mesure avec le Mirmillon!? Le Thrace adroit des deux mains. Entre toute les vertus de Mercure, quelle est celle qui le distingue!? Le vol. Après les encensoirs, et les patères, quel est le troisième vase de sacrifices!? Le plat. Quelle terre, au milieu des mers, donna le jour à Hippocrate!? Cos. Qui tente le plus la femme de Minos, l'animal ou le trône!? L'animal. Outre la nuée, qui fut imposé aux Phéaciens!? Un roc[253]. Dis, à défaut de nourriture, qui s'engraisse en dormant!? Le loir. Qui rend le cuir plus propre aux boucliers!? La glue. Quel est le nominatif de l'ablatif *sponte*!? *Spons*. Quel est le quadrupède qui s'adjoint aux oiseaux pour les augures!? Le rat. Qui flotte sur la mer, et ne surnage pas au-dessus d'un fleuve!? La poix. Qui contient deux fois six parties égales!? L'as. Ote le tiers de l'as, que reste-t-il!? un bès[254].

---

[253] *Quid præter nubem Phœacibus impositum!? mons*. Homère (*Odyssée*, 1. VIII) dit que les vaisseaux des Phéaciens, environnés d'un nuage, voguaient rapidement sans avoir besoin de pilotes. Celui qui ramena Ulysse à Ithaque fut, en revenant, changé en rocher. Ausone, dans ce vers obscur, fait sans doute allusion à cette double fiction homérique.

[254] Le *bes* valait huit onces!; l'*as* en contenait douze.

Lettres monosyllabiques des Grecs et des Latins

La première lettre qui brille en tête de l'alphabet latin est A, et le denier signe de l'écriture chez les Grecs est Ω. Moi, l'E du Latium, je représente la valeur de deux lettres éolique, de l'ἦτα d'abord, et comme l'E latin peut toujours être bref, je suis aussi l'ε dorique[255]. Le peuple de l'Attique a, pour dire *non*, ce son plein et sonore, ου. L'O romain vaut seul l'Ω et l'O des Grecs. Moi j'ai la forme de l'iota, je suis la lettre impérative, I[256]. Un signe ignoré des enfants de Cécrops, c'est le U, au son lugubre[257]. Mes deux branches à moi, Y, s'ouvrent comme le double chemin de Pythagore[258]. Dans les mots grecs on ne

---

[255] ῍Ητα *quod Æolidum.* C'est-à-dire que l'*e* des Latins, long ou bref à volonté, tient lieu à lui seul de l'ἦτα et de l'ἐψιλὸν des Grecs. On notera que sur le manuscrit du sonnet des voyelles, c'est très précisément un ε (ἐψιλὸν) qu'utilise Rimbaud.

[256] *Vox plena jubens*, I. I est l'impératif du verbe *eo*. Il signifie!: Va!!

[257] *Ferale sonans* V. La voyelle *u*, en latin, avait le son de ou, selon Priscien.

[258] *Pythagoræ bivium*. Pythagore traçait un U pour désigner la route de la vertu et celle de la volupté. Ausone a fait ailleurs mention de cet usage du philosophe (*Profess.*, XI, v.!5). Voici sur cette lettre et sa figure symbolique, des vers qui ont été longtemps attribués à Virgile, et insérés parmi ses *Catalectes*. Je les emprunte à Burmann (*Anthol. lat.*, 1. v, ép. 140)!:

Littera Pythagoræ, discrimine secta bicorni,
Humanæ vitæ speciem præferre videtur.
Nam via virtutis dextrum petit ardua callem,
Difficilemque aditum primum spectantibus offert,
Sed requiem præbet fessis in vertice summo.
Molle ostentat iter via lata˚ sed ultima meta
Præcipitat captos, volvitque per aspera saxa!:
Quisquis enim duros casus virtutis amore
Vicerit, ille sibi laudemque decusque parabit.
At qui desidiam, luxnmque sequeur inertem,
Dum fugit oppositos incauta mente labores,

me voit jamais, M, la dernière. Le zêta couché, s'il se redresse, deviendra la lettre N. Moi, ξ, dans mes zigzags, j'imite le Méandre et ses détours sinueux. Le monosyllabe latin B (*bé*) est la moitié du bêta. Moi, je n'ai pas la figure du delta, mais j'en porte le nom!; je suis le D romain. La forme du joug destiné à l'ennemi se retrouve dans le Π[259]. Si tu écris P audonien, je serai le P grec, de même que le rho grec peut se changer en P latin. Moi, je ressemble au mât qui porte antenne en tête, je suis le T. Le H est un esprit dont l'aspiration donne de la force aux plus faibles mots. Cette lettre, K, ne s'applique plus qu'à trois mots dans le Latium, depuis que le C, qui tenait la place du gamma, a prévalu, et qu'en s'arrondissant il a donné une lettre nouvelle appelée Q[260]. Quand l'iota se trouvera couché entre deux anses, tu liras un Θ. En latin, le X grec désigne le nombre dix. Le Φ de Palamède[261] présente l'image d'une grue. L'antique cappa béotien est aujourd'hui le K latin. J'ai l'air d'une fourche à trois cornes, moi le Ψ, l'avant-dernière lettre de l'alphabet.

Tris inopsque simul miserabile transiget ævum.

«!La lettre de Pythagore, coupée en deux branches contraires, semble présenter une image de la vie humaine. La rude voie de la vertu se dirige par le sentier de droite, et n'offre d'abord à la vue qu'un difficile accès!; mais, après la fatigue, elle donne le repos au sommet. La voie de gauche présente un chemin plus doux!; mais, au terme du voyage, elle précipite dans l'abîme ceux qu'elle a séduits, et les roule sur d'âpres rochers. Celui qui aura surmonté de dures épreuves par amour pour la vertu, celui-là aura mérité l'éloge et la gloire. Mais celui qui suit la paresse et le luxe indolent, et qui évite imprudemment les labeurs et les obstacles, passera misérablement sa vie dans la honte et la pauvreté.!»

[259] *Hostilis quæ forma jugi est, hanc efficiet* Π. Tite-Live, 1. III, c. 28!: *Tribus hastis jugum fit, humi fixis duabus, superque eas transversa una deligata. — Voir* aussi Festus, au mot *Jugum*.

[260] *Hæc tribus in Latio tantum addita nominibus* K. Quintilien (liv. I, c. 7) proscrit le *K* de tous les mots latins. Terentianus Maurus (*de Syllabis*, v.!798) ne le conserve que dans deux mots, *Kalendæ* et *Kaput*!; Martianus Capella (1. III, § 253, éd. de Kopp) dans trois mots, comme Ausone!: *Kapita*, ou *Kapua* selon Grotius, *Kalendæ*, *Kalumniæ*. Du temps d'Isidore de Séville (*Orig.*, liv. I, c. 4 et 26), il n'était plus employé que dans *karta*, *Karthago* et *Kalendæ*.

[261] Palamède était réputé avoir inventé l'alphabet grec en observant le vol des grues.

Tortures pour les grammairiens

Toi dont l'aigre fausset nous maltraite sans pitié, viens-tu, en vertu des règles de la belle éloquence, condamner ces enfantillages!? Tu as tort!: c'est une marchandise qui te rapportera. Ainsi donc, comme dit Ennius, que le *gau*[262] joyeux remplisse ton âme et que, dans le cœur de l'envieux, fermente le pus épaissi de fiel. Dis-moi, que signifie dans les *Catalectes* de Virgile cet *al* celtique, suivi du *tau* qui n'est pas plus clair, et du *min* mortel dont un rhéteur fait un si mauvais mélange pour son frère[263]!? Pourquoi le seul mot *res* pour désigner un empire, un procès, et le coït[264]!? Est-ce un nom étranger ou latin que le mot *sil*[265]!? Deux bateaux réunis forment-ils un ponton ou un pont!? Virgile a dit *sepes* dans ses *Bucoliques*!: pourquoi *seps*

---

[262] *Lœtificum gau. Gau* est l'abréviation de *gaudium*, comme plus loin, *cœl* de *cœlum*, et *do* de *domus*.

[263] *Dic, quid significent Catalecta Maronis*!? La pièce désignée ici par Ausone et la seconde dans le recueil des *Catalectes* de Virgile!: elle nous a été conservée par Quintilien (1. VIII, c. 3). C'est une épigramme contre le rhéteur Cimber, qui passait pour avoir empoisonné son frère, ce que Cicéron lui reprochait par un calembour!: *Germanum Cimber occidit*. Il paraît que ce rhéteur avait la manie de couper ou d'abréger les mots, et qu'il disait *tau* pour *taurus*, *al* pour *allium*, *min* pour *minium*, etc. ou plutôt, qu'il assaisonnait ses discours de mots baroques empruntés aux Celtes et aux Germains, tels que *tau*, *al*, *in*, et Virgile semble dire que le seul mélange de ces termes barbares lui avait suffi pour donner la mort à son frère. *Voir* le *Quintilien* de la collection Panckoucke, t.!IV, p.!51, et les notes de M. Ouizille sur ce passage, t.!VI, p. 281.

[264] *Venerem, cur una notet res*!? Cicéron fait allusion à ce dernier sens du mot *res* (*Philipp*. II, c. 31), en parlant d'Antoine venu à Rome secrètement pour causer une surprise à sa femme!: *Productus autem in concionem a tribuno plebis, quum respondisses, te rei tuæ causa venisse, populum etiam dicacem in te reddidisti* (*Voir* le *Valesiana*, p.!121). Je crois que le peuple donne le même sens au mot *chose* en français.

[265] *Estne peregrini vox nominis, an Latii, sil*!? Le *sil* est une espèce d'ocre!: il y avait le *sil* gaulois, le *sil* attique, etc. *Voir*. Pline, *Hist. Nat.*, 1. XXXIII, c.!56 ou 12.

dans Cicéron[266]!!? *Lac* est un mot usité et que tout le monde reconnaî-
tra rien qu'à l'entendre!: pourquoi condamner *lact*, que la raison pré-
fère!? Ce monstre funeste de la Libye, le *seps*, est-il un nom latin[267]?
Si *insons* désigne un innocent, l'opposé, le coupable, est *sons*. Pour-
quoi appelle-t-on un riche du nom de Jupiter Stygien, *dis*!? D'où vient
que le poète de Rudies a dit du ciel!: *Divum domus altisonum cæl*!? Et
d'après quelle autorité écrit-il *Endo suam do*, «!dans sa maison!?!» ou
encore, en parlant de la feuille du peuplier, pourquoi dit-il *populea
frus*!?

Mais où vais-je!? Quelle sera la fin[268], le terme, la limite de cet
ouvrage!? Pardonne-moi, Pacatus, toi qui es bienveillant, docte et dé-
bonnaire, tous ces vers épars comme la chevelure d'Antiphile.
Paix[269]!!

---

[266] *Bucolico sepes dixit Maro, cur Cicero seps*!? Virgile, *Égl.* I, v. 54. On trouve
dans un fragment des *Pronostics* traduits d'Aratus par Cicéron (*de Divin.*, 1. I, c.
7), *adaugescit kopulorum sepe repuls*us.
[267] *An Libyæ ferale malum sit Romula vox seps*!? Le *seps* est un serpent fort veni-
meux!: il est cité par Lucain, *Phars*, 1. IX, v. 723. Son nom vient du grec σήπω, *je
putréfie*.
[268] *Quis modus, et calx*. Le mot *calx* signifie *chaux* et *talon*. Par extension on l'a dit
de la fin, du terme de quelque chose, ou parce que le talon est la partie extrême du
corps de l'homme, ou parce qu'on marquait par une ligne tracée avec de la chaux le
bout de la carrière. M. L. Quicherat, qui adopte ce dernier sens, l'appuie de plu-
sieurs exemples au mot *Calx* de son *Thesaurus pœticus*.
[269] *Totum opus hoc sparsum, crinis velut Antiphilæ. Pax* (v. 22). Souvenir plaisant
de ce passage de Térence (*Heaut.*, act. II, c. 2, v. 49)!:

> Capillus passus prolixe, circum caput
> Rejectus neglegenter. Pax!!

XIII

CENTON NUPTIAL

Dédicace!: Ausone à Paulus[270], salut

Lis encore, si tu le juges à propos, cet opuscule frivole et sans valeur, qui n'a été ni martelé par le travail, ni limé par l'étude!; où l'on ne trouve ni la vivacité des saillies, ni la maturité de la réflexion. Les premiers[271] qui se sont divertis à ce genre de composition, l'appellent *centon*[272]. C'est un pur travail de mémoire!: rassembler des lambeaux épars, et former un tout de ces découpures!; cela peut mériter un sourire plutôt qu'un éloge. Si une telle œuvre, aux Sigillaria[273], se vendait à l'enchère, Afranius n'en donnerait pas un zeste, et Plaute n'en offrirait pas sa pelure de grenade[274]. C'est une honte en effet que de prostituer à ce burlesque usage la majesté du vers Virgilien. Mais que faire!? On me l'avait ordonné!; et, par une manière d'injonction plus puissante encore, celui-là m'en priait, qui avait le droit de commander!: c'est-à-dire l'empereur très sacré Valentinien, homme érudit, à

---

[270] Il s'agit sans doute du même Paulus auquel a été dédié *Bissula*.

[271] *Qui primi hac concinnatione luserunt.* Parmi les écrivains qui, avant Ausone, ont composé des centons, nous ne connaissons que Hosidius Geta, auteur d'une *Médée* citée par Tertullien, *de Præcript. hæret.*, c. XXXIX, et publiée par P. Burmann, *Anthol. lat.*, 1. I, ep. 178, et par Lemaire, *Poetæ Lat. min.*, t.!VII, p. 446.

[272] *Centonem vocant.* Du grec κέντρων. Poème composé de vers empruntés à d'autres poèmes. On a indiqué dans la marge du texte latin (cf. annexes) l'origine des vers virgiliens employés.

[273] *Per Sigillaria.* Cette fête faisait partie des Saturnales. Il paraît qu'il se tenait alors à Rome une espèce de foire ou de marché où se vendaient de livres, etc. Turnèbe (*Advers.* 1. XXIII, c. 28) croit que le mot *Sigillaria* désignait aussi le lieu où se tenait ce marché. *Voir* Aulu-Gelle, 1. II, c. 3, et 1. v, c. 4.

[274] *Neque Afranius nauci daret, nec cicum suum Plautus. Voir*, sur le sens des mots *nauci* et *cicus*, Festus, aux mots *Naucum* et *Ciccum*!; Varron, *de Ling. Lat.*, 1. VII, § 91.

mon sens!; lequel un jour s'était ainsi amusé à décrire une noce[275]. en vers habilement choisis, ma foi, et disposés avec esprit. Il voulut, dans un défi, éprouver à quel point il nous surpasserait, et il nous demanda une composition semblable sur le même sujet. Si je fus embarrassé, tu le comprends. Je ne voulais ni vaincre, ni paraître vaincu. Aux yeux des autres, je laissais voir une grossière flatterie, si je lui cédais le pas, et c'eût été une impertinence que de m'ériger en rival.

J'ai donc accepté en semblant refuser, et j'ai eu le bonheur de conserver sa faveur par ma déférence et de ne pas le blesser par ma victoire!; ce poème, écrit à la hâte en un jour et une nuit, je l'ai retrouvé dernièrement parmi mes brouillons, et telle est ma confiance en ta franchise et ton amitié, que je n'ai pas voulu soustraire, mêmes ces vers ridicules, à ta sévérité.

Reçois donc un opuscule où, avec des morceaux décousus, j'ai fait un récit suivi, un tout avec des parties diverses, du burlesque avec des idées sérieuses, et avec le bien d'autrui le mien. Ne t'étonne plus maintenant de voir dans nos livres sacrés et dans nos fables Dionysus et Hippolytus, transformés, l'un en Thyonianus et l'autre en Virbius[276]. Et si tu permets que je t'instruise, toi qui serais mon maître, je vais te définir le centon. C'est un échafaudage poétique construit de

---

[275] *Qui nuptias quondam ejusmodi ludo descripserat.* La plupart des empereurs romains avaient cultivé la poésie, et plusieurs la poésie érotique. Sans remonter jusqu'à Auguste, dont Martial (1. XI, ép. 20) a conservé une épigramme pleine de chaleur et de verve, mais d'une obscénité dégoûtante, on peut citer un empereur beaucoup plus voisin de Valentinien, Gallien, qui fit pour les noces de ses neveux un épithalame dont Trebellius Pollicus rapporte ces trois vers!:

> Ite, ait, o pueri, pariter sudate medullis
> Omnibus inter vos!: non murmura vestra columbæ,
> Brachia non hederæ, non vincant oscula conchæ.

«!Allez, enfants!! suez ensemble entre vous de toutes vos moelles!: que vos murmures surpassent les roucoulements de la colombe, que vos bras s'enlacent comme le lierre, que vos lèvres s'attachent comme la perle au coquillage.!»

[276] *Ne… aut thyonianum mireris, aut Virbium…* Il veut dire qu'après l'avoir vu ainsi transformer le sérieux en burlesque et faire des vers nouveaux avec des hémistiches anciens, Paulus ne doit plus s'étonner des transformations de Bacchus en Thyoniasus et d'Hipppolyte en Virbius.

morceaux détachés et de divers sens!; on accole deux hémistiches dif-
férents pour en former un vers, ou on joint un vers et la moitié du sui-
vant à la moitié d'un autre. Placer deux vers entiers de suite, serait une
maladresse!; et trois à la file, une pure niaiserie. On découpe ces lam-
beaux à toutes les césures admises par le vers héroïque, de manière
que la première penthémiméris d'un vers puisse s'enchaîner avec
l'anapestique qui en termine un autre, ou la césure du trochée avec
une fin de vers, ou sept demi-pieds avec un anapestique chronique, ou
avec un dactyle et un demi-pied tout ce qui reste pour l'hexamètre.
C'est comme qui dirait le jeu des *ostomaties* ches les Grecs. Ce sont
des osselets qui forment en tout quatorze figures géométriques!: il y en
a d'équilatérales, de triangulaires, à lignes droites, à angles droits ou
obtus!; ou, pour parler grec, isocèles, isopleurs, orthogones, scalènes.
Des divers assemblages de ces osselets se dessinent mille sortes
d'images!: un Élephant monstrueux, un lourd Sanglier, une Oie qui
vole, un Mirmillon sous les armes, un Chasseur à l'affût, un Chien qui
aboie, une Tourterelle, un Canthare, et un nombre infini d'autres figu-
res qui varient suivant le plus ou le moins d'habileté du joueur. Ces
combinaisons, sous une main adroite, tiennent du prodige!: un mala-
droit ne fait qu'un agencement ridicule. Cela dit, tu sauras que je n'ai
pu imiter que ce dernier. Le centon est donc une œuvre qui se traite de
la même manière que ce jeu. Ce sont des pensées dissemblables qu'on
accorde, des phrases adoptives qui ont un air de famille, des mots
étrangers qui ne ressortent pas avec trop d'éclat, rapportés sans trahir
la gêne, pressés sans déborder outre mesure, décousus sans laisser du
vide. Si tout ce qui suit te paraît conforme à ces règles, tu peux dire
que j'ai composé un centon. Et comme j'ai fait cette campagne sous
les ordres de mon empereur, tu ordonneras que ma paye me soit
comptée comme aux soldats en temps de guerre!; sinon, tu me feras
casser aux gages, et, cette pile d'hémistiches retombant dans la caisse,
les vers retourneront d'où ils sont venus. Adieu.

Centon nuptial

Écoutez[277], et que vos esprits me prêtent une attention bienveil-
lante, ô vous qui, signalés tous deux par le courage, tous deux par la
gloire des armes, florissez tous deux, invincibles dans les combats!: toi
d'abord, car tu marches sous de plus puissants auspices, on n'en peut
douter, vers ta haute destinée, et nul ne montra plus de justice, nul ne
fut plus grand par sa piété, par ses exploits ni par ses armes!; toi, et
après toi ton fils, autre espoir de la superbe Rome, fleur et vertu de nos
anciens héros, le plus tendre objet de mes soins, lui qui a le nom de
son ancêtre, mais l'âme et le bras de son père. Vous l'ordonnez, je
chante!: chacun trouve le prix de son œuvre dans le revers ou le suc-
cès. Exécuter vos ordres, voilà mon devoir.

Le Repas des noces

Le jour désiré paraît, et pour l'heureux hyménée se rassemblent
les mères, les pères, et les enfants sous les yeux de leurs parents. On
prend place sur des tapis de pourpre. Des esclaves versent l'onde sur
les mains des convives, chargent les corbeilles des dons préparés de
Cérès, et apportent les grasses entrailles des animaux rôtis. Une lon-
gue suite de mets se succèdent!: oiseaux et troupeaux s'y trouvent!; la
chèvre vagabonde, le mouton, le chevreau pétulant, et le peuple des
eaux, et le daim, et le cerf timide. Devant leurs yeux et sous leur
mains sont les fruits savoureux. La faim apaisée et l'appétit satisfait,
on apporte de larges coupes, on verse la liqueur de Bacchus. Les

---

[277] *Acciptite hæc animis*. Cette préface s'adresse à Valentinien et à Valens, son
frère. Le poète y fait l'éloge de ces deux empereurs, et de Gratien, empereur
comme eux, et son élève.

chants sacrés résonnent. Les danseurs frappent la terre en cadence!: on récite des vers. Le chantre de la Thrace, vêtu d'une logue robe, fait parler en nombres harmonieux les sept voix de la lyre. D'un autre côté la flûte fait entendre sa double mélodie. Tous ensemble ils oublient leurs travaux!: puis, quittant la table, il se lèvent, et se répandent en foule dans les joyeuses galeries!; ils vont, ils viennent, peuple, pères, matrones, enfants!: leurs voix roulent en éclats sous les vastes lambris. Les lustres pendent aux plafonds dorés.

Description de la sortie de l'épousée

Enfin se montre celle qui est si digne de la sollicitude de Vénus!: déjà mûre pour l'hymen et dans ses pleines années de puberté, elle a les traits et le maintien d'une vierge!; une vive rougeur colore ses joues et court sur son visage qu'elle enflamme. Son œil fixe étincelle, et brûle du regard. Toute la jeunesse, toute les mères accourues en foule de leurs champs et de leurs demeures, admirent sa démarche et la blancheur de son pied qui effleure la terre, et sa chevelure qu'elle laisse flotter au gré des vents. Elle porte un vêtement que nuance un tissu d'or, parure de la Grecque Hélène. Telle la blonde Vénus aime à se découvrir aux yeux des immortels, telle on la voit paraître!: joyeuse, elle se dirige vers sa nouvelle famille et va s'asseoir sur un trône élevé.

Description de la sortie de l'époux

D'un autre côté s'avance sous les hauts portiques le jeune époux dont un premier duvet ombrage à peine le visage. Il porte et la chlamyde brodée d'or où serpente en double méandre la bordure circulaire de pourpre de Mélibée, et la tunique que sa mère a tissue de fils d'or. Il a les traits, les épaules d'un dieu, et l'éclat de la jeunesse. Tel, baigné des eaux de l'Océan, Lucifer dresse vers le ciel son front sacré!; tel il paraît, levant le front et les yeux. Dans son transport il s'élance vers le seuil!; embrasé d'amour, il attache ses lèvres sur les joues de la jeune vierge, y cueille un baiser, et la presse longtemps entre ses bras.

Offre des présents

Des jeunes gens arrivent, chargés des présents qu'ils mettent sous les yeux de chaque famille!: un manteau hérissé d'or et de broderies, d'autres cadeaux, de talents d'or et d'ivoire, un siège, un voile que l'acanthe a nuancé des reflets du safran, une nombreuse argenterie pour les tables, un collier de perles, et une couronne où l'or s'enlace au pierreries. On donne à l'épousée une esclave avec ses deux enfants à la mamelle!: à son époux quatre jeunes garçons et autant de jeunes vierges!; tous ont, suivant l'usage, les cheveux rasés, et une chaîne d'or, dont les replis s'enroulent autour de leur cou, retombe sur leur poitrine.

Épithalame en l'honneur de l'un et de l'autre

Alors les mères, avec un zèle empressé, conduisent la jeune fille au logis. Pendant ce temps les jeunes garçons avec les vierges de leur âge, s'amusent à répéter en chœur des chants rustiques, et récitent des vers. «!Compagne d'un héros digne de toi, gracieuse épousée, sois heureuse, aux jours où tu connaîtras les premiers travaux de Lucine, où tu seras mère. Prends une coupe de vin de Méonie. Mari, jette des noix, entoure l'autel de bandelettes!; fleur et vertu de ses ancêtres, on t'amène une épouse!: elle passera, comme tu le mérites sa vie entière auprès de toi, et te rendra père d'enfants beaux comme elle. Couple fortuné!! Si les dieux justes le permettent, vivez heureux!! «!Courez!!!» ont dit à leurs fuseaux les Parques d'accord avec l'ordre immuable des destins.!»

Entrée dans la chambre à coucher

Arrivé enfin sous les voûtes de pierre de la chambre nuptiale, ils se livrent en liberté à de doux entretiens!: ils se rapprochent, enlacent leurs mains et se placent sur la couche. Mais Cythérée, et Junon qui préside à l'hymen, sollicitent des exploits nouveaux, et les excitent à commencer de combats inconnus. L'époux échauffe la jeune fille de ses tendres caresses, et soudain embrasé de cette flamme accoutumée du lit conjugal!: «!O vierge, beauté nouvelle pour moi, gracieuse compagne, tu es enfin venue, toi mes seules délices, si longtemps attendues!! O douce compagne, ce n'est point sans la volonté des dieux que ce bonheur nous arrive!: pourras-tu combattre un amour qui te plaît!?!» Il dit, elle le regarde et détourne la tête!: elle hésite craintive, elle sent le trait qui la menace, elle tremble. Incertaine entre la peur et l'espérance, elle lui adresse ces paroles!: «!Par toi, par ceux qui t'ont donné la vie, ô bel enfant, je t'en conjure!; je ne te demande qu'une nuit encore, que cette seule nuit. Console une pauvre fille, aie pitié de sa prière. Je succombe, la langue me manque, mon corps ne trouve plus sa force accoutumée, ma voix et mes paroles expirent.!» Mais lui!: «!Ce sont là de vains prétextes et d'inutiles détours!!!» et il renverse tous les obstacles et brise les liens de la pudeur.

Digression

Jusqu'ici, pour me faire entendre des chastes oreilles, j'ai voilé ces mystères de circonlocutions et de mots détournés. Mais comme la solennité du mariage aime les fescennins, et que cette fête, connue par l'antiquité de son institution, admet la licence dans les paroles, je vais révéler les autres secrets de la chambre et du lit, et je les tirerai du même auteur, afin d'avoir deux fois à rougir, en faisant ainsi de Virgile un libertin. Vous, si vous le voulez, suspendez ici votre lecture, et laissez le reste aux curieux.

La défloraison

Ils se rapprochent, seuls et dans l'ombre de la nuit. Vénus leur donne de l'ardeur!; ils essayent des combats nouveaux pour eux. Il se lève et se dresse!: elle s'efforce en vain de lui résister!: il s'attache à ses joues, à ses lèvres, et, tout brûlant, du pied lui presse le pied. Mais le traître vise plus haut. Une verge se dérobait sous son vêtement, la tête nue et rouge comme le vermillon, comme la baie sanglante de l'hièble. Quand leurs pieds sont entrelacés, il tire de sa cuisse ce monstre horrible, informe, démesuré, privé de la vue, et se jette avec feu sur sa tremblante victime. Dans un réduit, où mène un étroit sentier, s'ouvre une fente chaude et luisante!: de ses profondeurs s'exhale une vapeur impure!; nul homme chaste ne doit pénétrer dans ce coupable lieu. C'est une caverne horrible, un gouffre ténébreux qui vomit des exhalaisons dont l'odeur blesse les narines. Le Jeune héros s'y porte par des routes connues, et, pesant sur le ventre et rassemblant ses forces, il y loge sa javeline noueuse et d'une dure écorce. Elle s'y enfonce et s'abreuve à longs traits d'un sang virginal. Les cavités retentirent et les cavernes rendirent un long gémissement. Elle, d'une main mourante, veut arracher le trait!; mais, à travers les os pénétrant les chairs vives, le dard se fixe dans la blessure. Trois fois avec effort elle se soulève appuyée sur le coude, trois fois elle retombe sur sa couche. Lui, rien ne l'émeut, rien ne l'étonne!: il ne connaît ni trêve ni repos!; il s'acharne, tient ferme et n'abandonne jamais son clou. Les yeux tournés vers le ciel, il va et revient dans ce ventre qu'il ébranle, perce les côtes et les meurtrit de sa dent d'ivoire. Bientôt enfin ils arrivent tous deux au bout de la carrière!: fatigués, ils atteignent le but. Leur haleine pressée agite leurs flancs et leurs lèvres arides!: la sueur ruisselle de leurs membres. Le héros se pâme et succombe!: de l'engin le virus découle.

ÉPILOGUE

Que cela te suffise, mon Paulus!; c'est assez d'une page libertine, Paulus!; je ne veux pas badiner davantage.

Mais, quand tu m'auras lu, défends-moi contre ces gens dont parle Juvénal!:

Qui font les Curius et vivent en Bacchantes,

pour qu'ils ne jugent pas de mes mœurs par mes vers.

Libres sont nos écrits, mais notre vie est pure,

comme dit Pline[278]. Qu'ils se souviennent donc, car je les suppose érudits, que Pline, cet écrivain si estimé, était libre dans ses poésies, mais châtié dans ses mœurs. La luxure chatouille les vers de Sulpitia[279], l'austérité plisse son front. Apulée, qui vécut en philosophe, parle en amoureux dans ses épigrammes. Sévère en tous ses préceptes, Cicéron laisse percer le badinage dans ses lettres à Cérellia[280]. Le *Banquet* de Platon contient des vers sur les adolescents[281]. Parlerai-je

---

[278] *Ut Plinius dicit.* Le vers qu'Ausone vient de citer est de Martial (1. I, ép.!5).

[279] Il s'agirait alors de Servius Sulpicius Rufus, orateur célèbre, ami de Cicéron consul en 702, et qu'Ovide (*Tristes*, 1. II, v. 441) et Pline le Jeune (1. v, lett. 3) citent comme un poète érotique, dont l'exemple pouvait leur servir d'excuse.

[280] *In Epistolis ad Cœrelliam.* Cérellia était une dame romaine dont Cicéron devient amoureux dans ses vieux jours, quoiqu'elle fut encore plus vieille que lui. C'est du moins l'historien Dion qui le fait dire à Calenus, dans son invective en réponse à la seconde *Philippique*.

[281] *Platonis… in ephebos epyllia…* Il reste encore de Platon deux épigrammes sur Aster (*Voir* les *Œuvres de Platon* traduites par M. Cousin, t.!XIII, p.!210). Ausone en a traduit une en latin (épigr. CXLIV).

d'Annianus et de ses fescennins[282]!? du vieux poète Lévius et de ses livres d'Érotopégnies[283]!? d'Evenus[284] que Ménandre appelait le Sage!? de Ménandre lui-même[285]!? de tous les comiques enfin, qui avaient des mœurs sévères et s'égayaient dans leurs écrits!? Citerai-je encore celui qu'on a nommé la Vierge à cause de sa pudeur[286]!? Au huitième livre de son *Énéide*, quand il décrit les amours de Vénus et de Vulcain, n'a-t-il pas mêlé, décemment il est vrai, la volupté à la pudeur!? Et au troisième livre de ses *Géorgiques*, à propos des accouplements dans le troupeau, a-t-il voilé d'une chaste périphrase une définition obscène!? Si donc quelqu'un de ces hommes aux dehors sévères, s'avisait de condamner nos gaillardises, qu'il sache qu'elles sont empruntées à Virgile. Ainsi, celui qui n'aime pas ce badinage, ne doit pas le lire!; s'il l'a lu, qu'il l'oublie, et s'il ne peut l'oublier, qu'il

---

[282] *Quid Anniani Fescenninos!?* Annianus vivait sous Trajan et Adrien. Il était ami d'Aulu-Gelle (*Noct. Att.*, 1. VII, c. 7!; 1. IX, c. 10!; 1. XX, c. 8). Il ne nous reste rien de ses fescennins. «!Terme d'antiquité latine. Se dit d'une sorte de poésie grossière et licencieuse, qui, usitée à Fescennie en Étrurie, passa de là à Rome et fut employée dans les divertissements dramatiques. Vers fescennins. Poésie fescennine!» Littré.

[283] *Lœvii Erotopægnion.* Lévius, qu'on a quelquefois confondu avec Livius Andronicus et Nævius, est peu connu. M. Weichert, qui a fait de curieuses et savantes recherches sur ce poète (*Pœtæ Latin. reliquiæ*, p.!19 et sq.), le croit contemporain d'Hortensius et de Cicéron. Ce qui le confirme dans cette conjecture, c'est qu'un fragment des *Érotopégnies* de Lévius, cité par Aulu-Gelle (1. II, c. 24), fait mention de la loi Licinia, qui fut promulguée l'an de Rome 657. Ces *Érotopégnies* étaient, à ce qu'il paraît un recueil de poésies légères divisé en plusieurs livres (car les grammairiens parlent du sixième), qui chacun avait un titre particulier, comme *Protesilaodamia, Adonis, Alcestis, Ino,* etc. Tous les fragments de ce poète qui ont été religieusement recueillis par M. Weichert!; mais la plupart sont si courts, qu'on peut à peine en distinguer le sens.

[284] *Quid Evenum!?* Il y eut de ce nom deux poètes grecs, tous deux de l'île de Paros. Le premier, dont il est question dans Maton, enseigna, dit-on, la poétique à Socrate. Le second vivait 250 ans environ avant J.-C. C'est du premier, par conséquent, qu'Ausone veut parler ici. On lit, sous le nom d'Evenus, quelques épigrammes dans l'*Anthologie*.

[285] *Quid ipsum Menandrum!?* Ménandre, né à Athènes en 342 avant J.-C., mourut l'an 290. Il ne nous reste que quelques fragments de ce célèbre auteur comique.

[286] *Partheniam dictum causa pudoris.* Le surnom de *Parthénias* fut donné à Virgile par les Napolitains qui parlaient le grec et qui avaient tout simplement confondu Virginius avec Virgilius.

l'excuse. Car enfin il s'agit d'une noce!; et, qu'il le veuille ou non, cette cérémonie-là ne se fait pas autrement.

XIV

LES ROSES

C'était au printemps!: la douce haleine du matin et sa piquante fraîcheur annonçaient le retour doré du jour. La brise froide encore, qui précédait les coursiers de l'Aurore, invitait à devancer les feux du soleil. J'errais par les sentiers et les carrés arrosés d'un jardin, dans l'espoir de me ranimer aux émanations du matin. Je vis la bruine peser suspendue sur les herbes couchées, ou retenue sur la tige des légumes!; et, sur les larges feuilles du chou, se jouer les gouttes rondes et lourdes encore de cette eau céleste. Je vis les riants rosiers que cultive Pæstum briller humides au nouveau lever de Lucifer. Çà et là, sur les arbrisseaux chargés de brouillard, luisait une blanche perle qui devait mourir aux premiers rayons du jour[287]. On doute si l'Aurore emprunte aux roses son éclat vermeil, ou si le jour naissant donne à ces fleurs la nuance qui les colore[288]. Même rosée, même teinte, même grâce matinale à toutes deux!; car l'étoile et la fleur ont pour reine Vénus!: même parfum peut-être!; mais le parfum de l'une se dissipe dans les hautes régions des airs!; plus rapproché, on respire mieux le parfum de

---

[287] *Rara pruinosis canebat gemma frutetis.* Ronsard, dans les *Louanges de la rose*!:

> La rose blanchit tout autour
> Au matin de perles petites
> Qu'elle emprunte du poinct du iour.

[288] *Ambigeres, raperetne rosis Aurora ruborem* (v 15). Parseval Gradmaison (Amors épiques, ch. VI, v. 279) a traduit ainsi cette pensée!:

> L'œil doute si l'aurore à son charmant réveil
> Doit son frais coloris à leur éclat vermeil,
> Ou si le jeune essaim de ces filles de Flore
> A trempé ses couleurs des couleurs de l'Aurore.

l'autre. Déesse de l'étoile et déesse de la fleur, la divinité de Paphos a voulu leur donner à toutes deux la couleur de la pourpre.

Le moment était venu où les germes naissants de ces fleurs allaient se développer en même temps. L'une verdoie couverte encore d'un étroit chapeau de feuilles!: l'autre se nuance déjà d'un rouge filet de pourpre. Celle-ci commence à découvrir la cime effilée de son haut obélisque, et laisse poindre sa tête empourprée!: celle-là déploie le voile étendu sur son front, avide déjà de faire compter ses feuilles nombreuses!; et sans plus attendre elle étale les richesses de son riant calice, et livre au jour la poussière dorée qu'il renferme. Une d'entre elles, qui rayonnait naguère de tous les feux de sa chevelure, pâlit abandonnée de ses feuilles qui tombent. J'admirais les rapides ravages du temps dans sa fuite, et ces roses que je voyais éclore tout ensemble et vieillir. Et voici que la chevelue empourprée de la fleur radieuse se détache au moment où je parle, et la terre brille jonchée de sa rouge dépouille. Et toutes ces formes, toutes ces naissances, toutes ces transformations variées, un seul jour les produit, un seul jour les enlève. Nous nous plaignons, nature, que la beauté des fleurs soit fugitive!: les biens que tu nous montres, tu les ravis aussitôt. La durée d'un jour est la durée que vivent les roses!: la puberté pour elle touche à la vieillesse qui les tue. Celle que l'étoile du matin a vue naître, à son retour le soir elle la voit flétrie. Mais tout est bien!: car, si elle doit périr en peu de jours, elle a des rejetons qui lui succèdent et prolongent sa vie. Jeune fille, cueille la rose, pendant que sa fleur est nouvelle[289] et que nouvelle est ta jeunesse, et souviens-toi que ton âge est passager comme elle.

---

[289] *Collige, virgo, rosas, dum flos novus.* Tout le monde sait par cœur l'ode charmante de Ronsard à Cassandre. C'est une imitation de cette pièce d'Ausone, mais l'imitation vaut mieux que l'original!:

> Donc, si vous me croeyz, mignonne,
> Tandis que vostre âge fleuronne
> En sa plus verte nouueauté,
> Cueillez, cueillez vostre jeunesse…

XV

SUR L'INCERTITUDE OÙ L'ON EST
DE CHOISIR UN ÉTAT
Imité du grec[290], d'après les Pythagoriciens,

Quel chemin prendre en cette vie!? si le forum est rempli de tumulte!; si le logis est tourmenté par les soucis!; si le regret du logis suit le voyageur!; si le marchand a toujours de nouvelles pertes à attendre, et si la honte de la pauvreté lui défend le repos!; si le travail accable le laboureur!; si d'horribles naufrages rendent la mer tristement célèbre!; si le célibat est un fardeau et un supplice!; si la surveillance, autre fardeau, qu'un mari prudent s'impose, est inutile!; si les travaux de Mars nous coûtent tant de sang!; si le prêt à intérêts n'a que de honteux profits, et si l'usure n'est qu'un moyen rapide de tuer le pauvre!! Toute vie a ses peines, nul n'est content de son âge. L'être faible qu'on allaite encore, est privé de raison!; l'enfance a de rudes apprentissages, et la jeunesse de folles témérités!: la fortune expose l'homme mûr, dans les combats et sur mer, à la haine, à la trahison, à tout cet enchaînement de périls qui se succèdent et s'aggravent sans cesse!: enfin, la vieillesse, si longtemps attendue, appelée par tant de vœux imprudents, livre le corps en proie à des infirmités sans nombre. Tous, icibas, nous méprisons le présent!: il est certain pourtant que plusieurs n'ont pas voulu devenir dieux. Juturne se récrie!: «!Pourquoi m'avoir donné une vie éternelle[291]!? Pourquoi ai-je perdu le droit de mourir!?!» Ainsi sur les rochers du Caucase, Prométhée accuse le fils de Saturne, il interpelle Jupiter, qu'il nomme, et ne cesse de lui reprocher l'immortalité qu'il a reçue de lui. Considère maintenant les qualités de l'âme. Le malheureux souci qu'il eut de sa pudeur a perdu le chaste

---

[290] *Ex Græco.* Tiré de Stobée (*Serm.* XCVI) et de l'*Anthologie*, 1. I, c. 13.
[291] *Quo vitam dedit æternam*!? C'est le vers de Virgile, *Énéide*, 1. XII, v.!880.

Hippolyte. Un autre, au contraire, aime à passer sa vie dans les souillures de la volupté!; qu'il songe aux supplices des rois criminels, de l'incestueux Térée ou de l'efféminé Sardanapale. Les trois guerres Puniques sont une leçon qui dégoûte de la perfidie!; mais Sagonte vaincue défend de garder la foi jurée. Vis et cultive toujours l'amitié!: criminelle maxime, qui fit périr Pythagore et les sages de sa docte école[292]. Crains donc un pareil sort, n'aie point d'amis!: maxime plus criminelle encore, qui fit autrefois lapider Timon dans Athènes la Palladienne. L'esprit, toujours en butte à des désirs contraires, n'est jamais d'accord avec lui-même. L'homme veut, ce n'est point assez!; il rejette ce qu'il a voulu. Les dignités lui plaisent, puis lui répugnent!: afin de pouvoir commander un jour, il consent à ramper!; parvenu aux honneurs, il est exposé à l'envie. L'éloquence coûte bien des veilles, mais l'ignorance vit sans gloire. Sois patron défends les accusés!; mais la reconnaissance d'un client est rare. Sois client!; mais l'empire du patron te pèse. L'un est tourmenté du désir d'être père, et son vœu n'est pas accompli, que d'âpres soucis lui surviennent. D'un autre côté, on méprise le vieillard sans enfants, et celui qui n'a pas d'héritiers est la proie des captateurs d'héritages. Mène une vie économe, on te déchirera du reproche d'avarice!: un autre est prodigue, il encourt une censure plus grave encore. Toute cette vie n'est qu'une lutte de hasards contraires. Aussi cette pensée des Grecs est bien sage!: ce serait, disent-ils, un bonheur pour l'homme de ne point naître, ou de mourir aussitôt qu'il est né.

Note.

Traduction par Ronsard de ce même poème.

Quel train de vie est-il bon que je suive,
Afin, Muret, qu'heureusement je vive!?
Aux cours des rois regne l'ambition,
Les senateurs sont pleins de passion!:
Les maisons sont de mille soucis pleines,
Le labourage est tout rempli de peines,

---

[292] *Pythagoreorum periit schola docta sophorum. Voir* Diogène Laërte, *Vie de Pythagore.*

Le matelot void à deux doigts du bord
De son bateau pendre tousjours la mort.
Celuy qui erre en un païs estrange,
S'il a du bien, craint qu'un autre le mange!:
Le guerrier meurt masqué d'une valeur!:
Le mariage est comblé de malheur,
Et si l'on vid sans estre en mariage,
Seul et desert il faut user son âge!:
Avoir enfans, n'avoir enfant aussi
Donne tousjours domestique souci.
La jeunesse est peu sage et mal-habile,
La vieillesse est languissante et debile,
Ayant tousjours la mort devant les yeux.
Donques, Muret, je croy qu'il vaudroit mieux
L'un de ces deux!: ou bien jamais de n'estre,
Ou de mourir si tost qu'on vient de naistre.

XVI

SUR L'HOMME DE BIEN
d'après la doctrine de Pythagore

L'homme de bien, le sage, qu'Apollon consulté eut peine à découvrir entre plusieurs milliers d'hommes, est son propre juge et passe l'ongle sur toutes ses actions. Sans souci de l'opinion des grands et des vains discours du vulgaire, il est comme le globe du monde, arrondi et ramassé en lui-même pour que nulle souillure extérieure ne s'attache à sa surface lisse. Tant que dure le jour sous le signe du Cancer, tant que la nuit se prolonge sous le tropique du Capricorne, il s'examine, il se pèse au plateau d'une juste balance!: rien de moins, rien de trop!; il faut que l'angle se forme de lignes égales, que le niveau ne dévie pas, que tous les contours soient solides, et que le son produit sous le doigt qui les frappe n'annonce pas du vide. Jamais le doux sommeil n'appesantit ses yeux, avant qu'il n'ait repassé tous les actes de sa longue journée. «!Ai-je en quelque chose été trop loin!? Qu'ai-je fait à propos, ou à contre-temps!? Pourquoi nulle dignité dans cette action, nulle raison dans cette autre!? Qu'ai-je oublié!? Pourquoi cette résolution a-t-elle prévalu, quand il eût mieux été d'en changer!? J'ai eu pitié du pauvre!; pourquoi ai-je senti quelque douleur en mon âme brisée!? Pourquoi ai-je voulu ce qu'il était bien de ne pas vouloir!? Pourquoi ai-je à tort préféré l'utile à l'honnête!? Ai-je d'un mot ou d'un regard blessé quelqu'un!? Pourquoi obéir à la nature plutôt qu'au devoir!?!» Entrant ainsi dans l'examen de toutes ses paroles et de toutes ses actions, et repassant tout depuis le lever jusqu'au coucher du soleil, il condamne le mal, et donne la palme et le prix au bien.

XVII

LE *OUI* ET LE *NON* DES PYTHAGORICIENS.

Oui et *Non*, tout le monde emploie ces monosyllabes connus!: supprimez-les, et le langage humain n'a plus sur quoi rouler. Tout est là, tout part de là, affaire ou loisir, agitation ou repos. Quelquefois l'un ou l'autre de ces deux mots échappe en même temps à deux adversai- res, souvent aussi on les oppose l'un à l'autre, suivant que la dispute rencontre des esprits d'humeur facile ou difficile. Si on s'accorde, ar- rive sans délai!: *Oui, oui*. Si on se contredit, le dissentiment réplique!: *Non!!* De là les clameurs qui éclatent au forum!; de là les querelles furieuses du cirque, et les séditions pour rire des gradins du théâtre, et les discussions qui agitent le sénat. Les époux, les enfants et les pères se renvoient ces deux mots dans ces débats pacifiques dont leur mu- tuelle affection n'a point à souffrir. Les disciples réunis d'une même école les lancent aussi dans la tranquille mêlée de leurs controverses dogmatiques. De ces deux mots, toutes les chicanes de la tourbe des philosophes dialecticiens. «!La lumière existe!; donc il fait jour.!» Non pas!: ceci n'est pas juste. Car de nombreux flambeaux ou des éclairs, la nuit, produisent la lumière, mais ce n'est pas la lumière du jour. Ainsi, toujours *oui* et *non*!: car, il faut en convenir, oui c'est la lu- mière!; non ce n'est pas le jour. Et voilà la source de mille disputes!! Voilà pourquoi quelques hommes, plusieurs même, méditant sur de telles questions, étouffent leurs murmures, et dévorent leur rage en silence. Quelle vie que la vie de l'homme, agitée ainsi par deux mono- syllabes!!

XVIII

SUR L'AGE DES ANIMAUX,
D'APRES HÉSIODE[293]

Deux fois trois ans ajoutés à neuf fois dix autres complètent la juste durée de la vie des hommes La corneille bavarde vit neuf fois davantage!; le cerf dépasse de quatre siècles la corneille!; le corbeau l'emporte de trois siècles sur le cerf aux pieds ailés!; l'oiseau qui renaît de lui-même, le phénix, compte neuf fois plus d'années encore, et dix fois au delà s'étend la durée de votre âge, nymphes Hamadryades!; ca votre vie est la plus longue.

Telles sont les bornes où se renferment les jours et la destinée des animaux. Dispensateur des âges inconnus, Dieu sait quels espaces de temps Stilbon[294] et Phénon doivent parcourir!; quelles révolutions ont à décrire Pyroïs et Jupiter aux feux bienfaisants!; en quels cercles rapides tournera la belle Vénus, et quelle durée est fixée aux travaux de Titan et de Phébé, jusqu'à l'accomplissement de la Grande année[295], jusqu'à l'époque où les astres errants, revenus à leur point de départ, reprendront la place qu'ils occupaient à la création du monde.

---

[293] *Hesiodion.* Les vers d'Hésiode sont dans Plutarque (*de Oracul. defectu*). Ils ont été réfutés par Pline (*Hist. Nat.*, 1. VII, c. 48 ou 49).

[294] *Quæ Stilbon volvat, quæ secula Phænon.* Stilbon est la planète de Mercure!; Phénon, celle de Saturne, et Pyroïs, celle de Mars. *Voir* Cicéron, *de Nat. Deor.*, c. XX.

[295] *Donec consumpto, Magnus qui dicitur, anno* (v. 15). *Voir*, sur cette grande période, appelée aussi l'année platonique, et qui, selon quelques modernes, est de 25.920 ans, Cicéron, de *Nat. Deor.*, 1. II, c. 20!; Macrobe, *Songe de Scipion*, 1. II, c. II!; Plutarque, *Sylla*, c. VII!; Solin, c. XXXVI!; Censorinus, c. XVIII!; Servius, *in Æneid.* 1. I, v. 269, et 1. III, v. 284!; les *Mémoires de l'Académie des Inscriptions*, t. XXIII, XLI, etc.

XIX

MONOSTIQUES[296]
SUR LES TRAVAUX D'HERCULE

Le premier de ces travaux écrasa le lion de Cléones!; le suivant abattit par le fer et le feu l'hydre de Lerne!; le troisième coup frappa le sanglier d'Érymanthe!; le quatrième enleva les cornes d'or du cerf aux pieds d'airain!; un cinquième combat mit en fuite les oiseaux du Stymphale!; le sixième dépouilla de son baudrier l'Amazone de Thrace!; le septième s'accomplit dans les étables d'Augias. On compte comme la huitième gloire l'expulsion du taureau, et comme la neuvième, la victoire sur les chevaux de Diomède. L'Ibérie accorde la dixième palme au meurtre de Géryon. Un onzième triomphe ravit les pommes des Hespérides. Cerbère fut le dernier et le terme suprême de ces travaux.

---

[296] On peut voir d'autres monostiques sur le même sujet dans l'*Anthologie latine* de Burmann, 1. I, ép. 42.

XX

DÉCOUVERTES
ET ATTRIBUTIONS DES MUSES[297]

Clio chante les exploits et rend la vie au passé. Melpomène déclame sa douleur en hurlements tragiques. La comique Thalie aime un langage effronté. Euterpe de son souffle anime la flûte aux doux accords. Terpsichore, avec la cithare, éveille, commande, développe les passions. Érato porte la lyre!: elle danse du pied, du chant, du visage. Calliope confie aux livres des accents héroïques. Uranie étudie les mouvements du ciel et les astres. Polyhymnie désigne tout de la main, et son geste est un langage. L'âme et la verve d'Apollon inspirent toutes ces Muses!: assis au milieu d'elles, il réunit en lui seul tous leurs mérites.

---

[297] *Musarum inventa et munera.* Burmann (*Anthol. lat.*, 1. I, ép. 73) cite d'autres vers sur les Muses. Ceux-ci sont traduits du grec de l'*Anthologie*, 1. I, n° 67.

ANNEXES

MOSELLA

Transieram celerem nebuloso flumine Navam
Addita miratus veteri nova mœnia Vinco,
Æquavit Latias ubi quondam Gallia Cannas
Infletæque iacent inopes super arva catervæ.
Unde iter ingrediens nemorosa per avia solum
Et nulla humani spectans vestigia cultus
Prætereo arentem sitientibus undique terris
Dumnissum riguasque perenni fonte Tabernas
Arvaque Sauromatum nuper metata colonis!!:
Et tandem primis Belgarum conspicor oris
Noiomagum, divi castra inclita Constantini.
Purior hic campis ær Phœbusque sereno
Lumine purpureum reserat iam sudus Olympum!;
Nec iam consertis per mutua vincula ramis
Quæritur exclusum viridi caligine cælum!;
Sed liquidum iubar et rutilam visentibus æthram
Libera perspicui non invidet aura diei.
In speciem tum me patriæ cultumque nitentis
Burdigalæ blando pepulerunt omnia visu!:
Culmina villarum pendentibus edita ripis
Et virides Baccho colles et amœna fluenta
Subter labentis tacito rumore Mosellæ.
Salve, amnis, laudate agris, laudate colonis,
Dignata imperio debent cui mœnia Belgæ!:
Amnis odorifero iuga vitea consite Baccho,
Consite gramineas, amnis viridissime, ripas!:
Naviger ut pelagus, devexas pronus in undas
Ut fluvius, vitreoque lacus imitate profundo
Et rivos trepido potes æquiperare meatu
Et liquido gelidos fontes præcellere potu!:

Omnia solus habes, quæ fons, quæ rivus et amnis
Et lacus et bivio refluus manamine pontus.
Tu placidis prælapsus aquis nec murmura venti
Ulla nec occulti pateris luctamina saxi.
Non spirante vado rapidos properare meatus
Cogeris, extantes medio non æquore terras
Interceptus habes, iusti ne demat honorem
Nominis, exclusum si dividat insula flumen.
Tu duplices sortite vias, et cum amne secunda
Defluis, ut celeres feriant vada concita remi,
Et cum per ripas nusquam cessante remulco
Intendunt collo malorum vincula nautæ.
Ipse tuos quotiens miraris in amne recursus
Legitimosque putas prope segnius ire meatus!!
Tu neque limigenis ripam prætexeris ulvis,
Nec piger immundo perfundis litora cæno!:
Sicca in primores pergunt vestigia lymphas.
I nunc et Phrygiis sola levia consere crustis
Tendens marmoreum laqueata per atria campum!!;
Ast ego despectis, quæ census opesque dederunt,
Naturæ mirabor opus, non cura nepotum
Lætaque iacturis ubi luxuriatur egestas.
Hic solidæ sternunt umentia litora harenæ,
Nec retinent memores vestigia pressa figuras.
Spectaris vitreo per levia terga profundo,
Secreti nihil amnis habens!: utque almus aperto
Panditur intuitu liquidis obtutibus ær
Nec placidi prohibent oculos per inania venti,
Sic demersa procul durante per intima visu
Cernimus arcanique patet penetrale profundi,
Cum vada lene meant liquidarum et lapsus aquarum
Prodit cærulea dispersas luce figuras!:
Quod sulcata levi crispatur harena meatu,
Inclinata tremunt viridi quod gramina fundo!;
Usque sub ingenuis agitatæ fontibus herbæ
Vibrantes patiuntur aquas lucetque latetque
Calculus et viridem distinguit glarea muscum!:

Tota Caledoniis talis pictura Britannis,
Cum virides algas et rubra corallia nudat
Æstus et albentes, concharum germina, bacas,
Delicias hominum, locupletibus atque sub undis
Assimulant nostros imitata monilia cultus.
Haud aliter placidæ subter vada læta Mosellæ
Detegit admixtos non concolor herba lapillos.
Intentos tamen usque oculos errore fatigant
Interludentes, examina lubrica, pisces.
Sed neque tot species obliquatosque natatus
Quæque per adversum succedunt agmina flumen,
Nominaque et cunctos numerosæ stirpis alumnos
Edere fas aut ille sinit, cui cura secundæ
Sortis et æquorei cessit tutela tridentis.
Tu mihi flumineis habitatrix Nais in oris,
Squamigeri gregis ede choros liquidoque sub alveo
Dissere cæruleo fluitantes amne catervas.
Squameus herbosas capito inter lucet harenas
Viscere prætenero fartim congestus aristis
Nec duraturus post bina trihoria mensis,
Purpureisque salar stellatus tergora guttis,
Et nullo spinæ nociturus acumine rhedo,
Effugiensque oculos celeri levis umbra natatu.
Tuque per obliqui fauces vexate Saravi,
Qua bis terna fremunt scopulosis ostia pilis,
Cum defluxisti famæ maioris in amnem,
Liberior laxos exercei, barbe, natatus!:
Tu melior peiore ævo, tibi contigit omni
Spirantum ex numero non illaudata senectus.
Nec te puniceo rutilantem viscere, salmo,
Transierim, latæ cuius vaga verbera caudæ
Gurgite de medio summas referuntur in undas,
Occultus placido cum proditur æquore pulsus.
Tu loricato squamosus pectore, frontem
Lubricus et dubiæ facturus fercula cenæ
Tempora longarum fers incorrupte morarum,
Præsignis maculis capitis, cui prodiga nutat

Alvus opimatoque fluens abdomine venter.
Quæque per Illyricum, per stagna binominis Histri
Spumarum indiciis caperis, mustela, natantum
In nostrum subvecta fretum, ne lata Mosellæ
Flumina tam celebri defraudarentur alumno.
Quis te naturæ pinxit color!! atra superne
Puncta notant tergum, qua lutea circuit iris!;
Lubrica cæruleus perducit tergora fucus!;
Corporis ad medium fartim pinguescis, at illinc
Usque sub extremam squalet cutis arida caudam.
Nec te, delicias mensarum, perca, silebo,
Amnigenos inter pisces dignande marinis,
Solus puniceis facilis contendere mullis!:
Nam neque gustus iners solidoque in corpore partes
Segmentis cœunt, sed dissociantur aristis.
Hic etiam Latio risus prænomine, cultor
Stagnorum, querulis vis infestissima ranis,
Lucius, obscuras ulva cænoque lacunas
Obsidet!; hic nullos mensarum lectus ad usus
Fervet fumosis olido nidore popinis.
Quis non et virides, vulgi solacia, tincas
Norit et alburnos, prædam puerilibus hamis,
Stridentesque focis, obsonia plebis, alausas!?
Teque inter species geminas neutrumque et utrumque,
Qui necdum salmo nec iam salar ambiguusque
Amborum medio, sario, intercepte sub ævo!?
Tu quoque flumineas inter memorande cohortes,
Gobio, non geminis maior sine pollice palmis,
Præpinguis, teres, ovipara congestior alvo
Propexique iubas imitatus, gobio, barbi.
Nunc, pecus æquoreum, celebrabere, magne silure,
Quem velut Actæo perductum tergora olivo
Amnicolam delphina reor!: sic per freta magnum
Laberis et longi vix corporis agmina solvis
Aut brevibus defensa vadis aut fluminis ulvis.
At cum tranquillos moliris in amne meatus,
Te virides ripæ, te cærula turba natantum,

Te liquidæ mirantur aquæ!: diffunditur alveo
Æstus et extremi procurrunt margine fluctus.
Talis Atlantiaco quondam ballena profundo,
Cum vento motuve suo telluris ad oras
Pellitur, exclusum fundit mare, magnaque surgunt
Æquora, vicinique timent deereseere montes.
Hic tamen, hie nostræ mitis ballena Mosellæ
Exitio procul est magnoque honor additus amni.
Iam liquidas spectasse vias et lubriea pisces
Agmina multiplicesque satis numerasse catervas.
Indueant aliam spectacula vitea pompam
Sollicitentque vagos Baccheia munera visus,
Qua sublimis apex longo super ardva tractu
Et rupes et aprica iugi flexusque sinusque
Vitibus assurgunt naturalique theatro.
Gauranum sie alma iugum vindemia vestit
Et Rhodopen, proprioque nitent Pangæa Lyæo!;
Sic viret Ismarius super æquora Thracia collis!;
Sic mea flaventem pingunt vineta Garunnam.
Summis quippe iugis tendentis in ultima clivi
Conseritur viridi fluvialis margo Lyæo.
Læta operum plebes festinantesque coloni
Vertice nunc summo properant, nunc deiuge dorso,
Certantes stolidis clamoribus. Inde viator
Riparum subiecta terens, hinc navita labens
Probra canunt seris cultoribus!: astrepit ollis
Et rupes et silva tremens et concavus amnis.
Nec solos homines delectat scæna locorum!:
Hic ego et agrestes Satyros et glauca tuentes
Naidas extremis credam concurrere ripis,
Capripedes agitat cum læta protervia Panas
Insultantque vadis trepidasque sub amne sorores
Terrent indocili pulsantes verbere fluctum.
Sæpe etiam mediis furata e collibus uvas
Inter Oreiadas Panope fluvialis amicas
Fugit lascivos, paganica numina, Faunos.
Dicitur et, medio cum sol stetit aureus orbe,

Ad commune fretum Satyros vitreasque sorores
Consortes celebrare choros, cum præbuit horas
Secretas hominum cœtu flagrantior æstus!;
Tunc insultantes sua per freta ludere Nymphas
Et Satyros mersare vadis rudibusque natandi
Per medias exire manus, dum lubrica falsi
Membra petunt liquidosque fovent pro corpore fluctus.
Sed non hæc spectata ulli nec cognita visu
Fas mihi sit pro parte loqui!: secreta tegatur
Et commissa suis lateat reverentia rivis.
Illa fruenda palam species, cum glaucus opaco
Respondet colli fluvius, frondere videntur
Fluminei latices et palmite consitus amnis.
Quis color ille vadis, seras cum propulit umbras
Hesperus et viridi perfundit monte Mosellam!!
Tota natant crispis iuga motibus et tremit absens
Pampinus et vitreis vindemia turget in undis.
Annumerat virides derisus navita vites,
Navita caudiceo fluitans super æquora lembo
Per medium, qua sese amni confundit imago
Collis et umbrarum confinia conserit amnis.
Hæc quoque quam dulces celebrant spectacula pompas,
Remipedes medio certant cum flumine lembi
Et varios ineunt flexus viridesque per oras
Stringunt attonsis pubentia germina pratis!!
Puppibus et proris alacres gestire magistros
Impubemque manum super amnica terga vagantem
Dum spectat, [viridis qua surgit ripa, colonus,
Non sentit] transire diem, sua seria ludo
Posthabet!: excludit veteres nova gratia curas.
Tales Cumano despectat in æquore ludos
Liber, sulphurei cum per iuga consita Gauri
Perque vaporiferi graditur vineta Vesevi,
Cum Venus Actiacis Augusti læta triumphis
Ludere lascivos fera prœlia iussit Amores,
Qualia Niliacæ classes Latiæque triremes
Subter Apollineæ gesserunt Leucados arces,

Aut Pompeiani Mylasena pericula belli
Euboicæ referunt per Averna sonantia cumbæ!:
Innocuos ratium pulsus pugnasque iocantes
Naumachiæ, Siculo qualis spectala Peloro,
Cæruleus viridi reparat sub irnagine pontus.
Non aliam speciem petulantibus addit ephebis
Pubertasque amnisque et picti rostra phaseli.
Hos Hyperionio cum sol perfuderit æstu,
Reddit nautales vitreo sub gurgite formas
Et redigit pandas inversi corporis umbras.
Utque agiles motus dextra lævaque frequentant
Et commutatis alternant pondera remis,
Unda refert alios, simulacra umentia, nautas!:
Ipsa suo gaudet simulamine nautica pubes
Fallaces fluvio mirata redire figuras.
Sic ubi compositos ostentatura capillos,
Candentem late speculi explorantis honorem
Cum primum caræ nutrix admovit alumnæ,
Læta ignorato fruitur virguncula ludo
Germanæque putat formam spectare puellæ!:
Oscula fulgenti dat non referenda metallo
Aut fixas prætemptat acus aut frontis ad oram
Vibratos captat digitis extendere crines!:
Talis ad umbrarum ludibria nautica pubes
Ambiguis fruitur veri falsique figuris.
lam vero accessus faciles qua ripa ministrat,
Scrutatur toto populatrix turba profundo
Heu male defensos penetrali flumine pisces.
Hic medio procul amne trahens umentia lina
Nodosis decepta plagis examina verrit!;
Ast hic, tranquillo qua labitur agmine flumen,
Ducit corticeis fluitantia retia signis!;
Ille autem scopulis deiectas pronus in undas
Inclinat lentæ conexa cæumina virgæ
Inductos escis iaciens letalibus hamos.
Quos ignara doli postquam vaga turba natantum
Rictibus invasit patulæque per intima fauces

Sera occultati senserunt vulnera ferri,
Dum trepidant, subit indicium crispoque tremori
Vibrantis sætæ nutans consentit harundo!:
Nec mora et excussam stridenti verbere prædam
Dexter in obliquum raptat puer!; excipit ictum
Spiritus, ut fractis quondam per inane flagellis
Aura crepat motoque assibilat ære ventus.
Exultant udæ super arida saxa rapinæ
Luciferique pavent letalia tela diei,
Cuique sub amne suo mansit vigor, ære nostro
Segnis anhelatis vitam consumit in auris.
Iam piger invalido vibratur corpore plausus,
Torpida supremos patitur iam cauda tremores,
Nec cœunt rictus, haustas sed hiatibus auras
Reddit mortiferos expirans branchia flatus.
Sic ubi fabriles exercet spiritus ignes,
Accipit alterno cohibetque foramine ventos
Lanea fagineis alludens parma cavernis.
Vidi egomet quosdam leti sub fine trementes
Collegisse animas, mox in sublime citatos
Cernua subiectum præceps dare corpora in amnem
Desperatarum potientes rursus aquarum.
Quos impos damni puer inconsultus ab alto
Impetit et stolido captat prensare natatu.
Sic Anthedonius Bœotia per freta Glaucus,
Gramina gustatu postquam exitialia Circes
Expertus carptas moribundis piscibus herbas
Sumpsit, Carpathium subiit novus accola pontum.
Ille hamis et rete potens, scrutator operti
Nereos, æquoream solitus converrere Tethyn,
Inter captivas fluitavit prædo catervas.
Talia despectant longo per cærula tractu
Pendentes saxis instanti culmine villæ,
Quas medius dirimit sinuosis flexibus errans
Amnis, et alternas comunt prætoria ripas.
Quis modo Sestiacum pelagus, Nepheleidos Helles
Æquor, Abydeni freta quis miretur ephebi!?

Quis Chalcedonio constratum ab litore pontum,
Regis opus magni, mediis euripus ubi undis
Europæque Asiæque vetat concurrere terras!?
Non hic dira freti rabies, non sæva furentum
Prœlia caurorum!; licet hic commercia linguæ
Iungere et alterno sermonem texere pulsu.
Blanda salutiferas permiscent litora voces
Et voces et pæne manus!: resonantia utrimque
Verba refert mediis concurrens fluctibus echo.
Quis potis innumeros cultusque habitusque retexens
Pandere tectonicas per singula prædia formas!?
Non hoc spernat opus Gortynius aliger, ædis
Conditor Euboicæ, casus quem fingere in auro
Conantem Icarios patrii pepulere dolores!;
Non Philo Cecropius, non qui laudatus ab hoste
Clara Syracosii traxit certamina belli.
Forsan et insignes hominumque operumque labores
Hic habuit decimo celebrata volumine Mareei
Hebdomas, hic clari viguere Menecratis artes
Atque Ephesi spectata manus vel in arce Minervæ
Ictinus, magico cui nœtua perlita fuco
Allicit omne genus volucres perimitque tuendo.
Conditor hic forsan fuerit Ptolomaidos aulæ
Dinochares, quadro cui in fastigia cono
Surgit et ipsa suas consumit pyramis umbras.
Iussus ob incesti qui quondam fœdus amoris
Arsinœn Pharii suspendit in ære templi!;
Spirat enim tecti testudine corus achates
Amatamque trahit ferrato crine puellam.
Hos ergo aut horum similes est credere dignum
Belgarum in terris scænas posuisse domorum
Molitos celsas fluvii decoramina villas.
Hæc est natura sublimis in aggere saxi,
Hæc procurrentis fundata crepidine ripæ,
Hæc refugit captumque sinu sibi vindicat amnem.
Illa tenens collem, qui plurimus imminet amni,
Usurpat faciles per culta, per aspera visus

Utque suis fruitur felix speculatio terris.
Quin etiam riguis humili pede condita pratis
Compensat celsi bona naturalia montis
Sublimique minans irrumpit in æthera tecto
Ostentas altam, Pharos ut Memphitica, turrim.
Huic proprium clausos consæpto gurgite pisces
Apricas scopulorum inter captare novales.
Hæc summis innixa iugis labentia subter
Flumina despectu iam caligante tuetur.
Atria quid memorem viridantibus assita pratis
Innumerisque super nitentia tecla columnis!?
Quid quæ fluminea substructa crepidine fumant
Balnea, ferventi cum Mulciber haustus operto
Volvit anhelatas tectoria per cava flammas
Inclusum glomerans æstu expirante vaporem!?
Vidi ego defessos multo sudore lavacri
Fastidisse lacus et frigora piscinarum,
Ut vivis fruerentur aquis, mox amne refotos
Plaudenti gelidum flumen pepulisse natatu.
Quod si Cumanis huc afforet hospes ab oris,
Crederet Euboicas simulacra exilia Baias
His donasse locis!: tantus cultusque nitorque
Allicit et nullum parit oblectatio luxum.
Sed mihi qui tandem finis tua glauca fluenta
Dicere dignandumque mari memorare Mosellam,
Innumeri quod te diversa per ostia late
Incurrunt amnes!? quamquam differre meatus
Possent, sed celerant in te consumere nomen.
Namque et Promeæ Nemesæque adiuta meatu
Sura tuas properat non degener ire sub undas,
Sura interceptis tibi gratificata fluentis,
Nobilius permixta tuo sub nomine, quam si
Ignoranda patri confunderet ostia ponto.
Te rapidus Celbis, te marmote clarus Erubris
Festinant famulis quam primum allambere lymphis!:
Nobilibus Celbis celebratus piscibus, ille
Præcipiti torquens cerealia saxa rotatu

Stridentesque trahens per levia marmora serras
Audit perpetuos ripa ex utraque tumultus.
Prætereo exilem Lesuram tenuemque Drahonum
Nec fastiditos Salmonæ usurpo fluores!:
Naviger undisona dudum me mole Saravus
Tota veste vocat, longum qui distulit amnem,
Fessa sub Augustis ut volveret ostia muris.
Nec minor hoc, tacitum qui per sola pinguia labens
Stringit frugiferas felix Alisontia ripas.
Mille alii, prout quemque suus magis impetus urget,
Esse tui cupiunt!: tantus properantibus undis
Ambitus aut mores. Quod si tibi, dia Mosella,
Smyrna suum vatem vel Mantua clara dedisset,
Cederet Iliacis Simois memoratus in oris,
Nec præferre suos auderet Thybris honores.
Da veniam, da, Roma potens!! pulsa, oro, facessat
Invidia et Latiæ Nemesis non cognita linguæ!:
Imperii sedem Romæ tenuere parentes.
Salve, magne parens frugum virumque, Mosella!!
Te clari proceres, te bello exercita pubes,
Æmula te Latiæ decorat facundia linguæ.
Quin etiam mores et lætum fronte serena
Ingenium natura tuis concessit alumnis!;
Nec sola antiquos ostentat Roma Catones,
Aut unus tantum iusti sectator et æqui
Pollet Aristides veteresque illustrat Athenas.
Verum ego quid laxis nimium spatiatus habenis
Victus amore tui præconia detero!? conde,
Musa, chelyn pulsis extremo carmine netis.
Tempus erit, cum me studiis ignobilis oti
Mulcentem curas seniique aprica foventem
Materiæ commendet honos!; cum facta viritim
Belgarum patriosque canam, decora inclita, mores!:
Mollia subtili nebunt mihi carmina filo
Pierides tenuique aptas subtemine telas
Percurrent!: dabitur nostris quoque purpura fusis.
Quis mihi tum non dictus erit!? memorabo quietos

Agricolas legumque catos fandique potentes,
Præsidium sublime reis!; quos curia summos
Municipum vidit proceres propriumque senatum,
Quos prætextati celebris facundia ludi
Contulit ad veteris præconia Quintiliani,
Quique suas rexere urbes purumque tribunal
Sanguine et innocuas illustravere secures,
Aut Italum populos aquilonigenasque Britannos
Præfecturarum titulo tenuere secundo!;
Quique caput rerum, Romam, populumque patresque
Tantum non primo rexit sub nomine, quamvis
Par fuerit primis!: festinat solvere tandem
Errorem fortuna suum libataque supplens
Præmia iam veri fastigia reddat honoris
Nobilibus repetenda nepotibus. At modo cœptum
Detexatur opus, dilata et laude virorum
Dicamus læto per rura virentia tractu
Felicem fluvium Rhenique sacremus in undas.
Cæruleos nunc, Rhene, sinus hyaloque virentem
Pande peplum spatiumque novi metare fluenti
Fraternis cumulandus aquis. Nec præmia in undis
Sola, sed Augustæ veniens quod mœnibus urbis
Spectavit iunctos natique patrisque triumphos
Hostibus exactis Nicrum super et Lupodunum
Et fontem Latiis ignotum annalibus Histri.
Hæc profligati venit modo laurea belli,
Hinc alias aliasque feret. Vos pergite iuncti
Et mare purpureum gemino propellite tractu.
Neu vereare minor, pulcherrime Rhene, videri!:
Invidiæ nihil hospes habet!; potiere perenni
Nomine!: tu fratrem famæ securus adopta.
Dives aquis, dives Nymphis, largitor utrique
Alveus extendet geminis divortia ripis
Communesque vias diversa per ostia fundet.
Accedent vires, quas Francia quasque Chamaves
Germanique tremant!: tunc verus habebere limes.
Accedet tanto geminum tibi nomen ab amni,

Cumque unus de fonte fluas, dicere bicornis.
Hæc ego, Vivisca ducens ab origine gentem,
Belgarum hospitiis non per nova fœdera notus,
Ausonius, nomen Latium, patriaque domoque
Gallorum extremos inter celsamque Pyrenen,
Temperat ingenuos qua læta Aquitanica mores,
Audax exigua fide concino. Fas mihi sacrum
Perstrinxisse amnem tenui libamine Musæ.
Nec laudem affecto, veniam peto. Sunt tibi multi,
Alme amnis, sacros qui sollicitare fluores
Aonidum totamque solent haurire Aganippen.
Ast ego quanta mei dederit se vena liquoris,
Burdigalam cum me in patriam nidumque senectæ
Augustus, pater et nati, mea maxima cura,
Fascibus Ausoniis decoratum et honore curuli
Mittent emeritæ post munera disciplinæ,
Latius Arctoi præconia persequar amnis.
Addam urbes, tacito quas subter laberis alveo,
Mœniaque antiquis te prospectantia muris!;
Addam præsidiis dubiarum condita rerum,
Sed modo securis non castra, sed horrea Belgis!;
Addam felices ripa ex utraque colonos
Teque inter medios hominumque boumque labores
Stringentem ripas et pinguia culta secantem.
Non tibi se Liger anteferet, non Axona præceps,
Matrona non, Gallis Belgisque intersita finis,
Santonico refluus non ipse Carantonus æstu.
Concedet gelido Durani de monte volutus
Amnis, et auriferum postponet Gallia Tarnen,
Insanumque ruens per saxa rotantia late
In mare purpureum dominæ tamen ante Mosellæ
Numine adorato Tarbellicus ibit Aturrus.
Corniger externas celebrande Mosella per oras,
Nec solis celebrande locis, ubi fonte superno
Exeris auratum taurinæ frontis honorem
Quaque trahis placidos sinuosa per arva meatus
Vel qua Germanis sub portibus ostia solvis!:

Si quis honos tenui volet aspirare Camenæ,
Perdere si quis in his dignabitur otia Musis,
Ibis in ora hominum lætoque fovebere cantu.
Te fontes vivique lacus, te cærula noscent
Flumina, te veteres, pagorum gloria, luci,
Te Druna, te sparsis incerta Druentia ripis
Alpinique colent fluvii duplicemque per urbem
Qui meat et Dextræ Rhodanns dat nomina ripæ!;
Te stagnis ego cæruleis magnumque sonoris
Amnibus, æquoreæ te commendabo Garunnæ.

CUPIDO CRUCIATUS

Ausonius Gregorio filio salutem.

En umquam vidisti nebulam pictam in pariete!? Vidisti utique et meministi. Treveris quippe in triclinio Zoili fucata est pictura hæc!: Cupidinem cruci affigunt mulieres amatrices, non istæ de nostro sæculo, quæ sponte peccant, sed illæ heroicæ, quæ sibi ignoscunt et plectunt deum, quarum partem in lugentibus campis Maro noster enumerat. Hanc ego imaginem specie et argumento miratus sum. Deinde mirandi stuporem transtuli ad ineptiam pœtandi. Mihi præter lemma nihil placet. Sed commendo tibi errorem meum. Nævos nostros et cicatrices amamus, nec soli nostro vitio peccasse contenti, affectamus ut amentur. Verum quid ego huic eclogæ studiose patrocinor!? Certus sum, quodcumque meum scieris, amabis!; quod magis spero quam ut laudes. Vale ac dilige parentem.

Cupido cruciatus

Æris in campis, memorat quos musa Maronis,
Myrteus amentes ubi lucus opacat amantes,
Orgia ducebant heroides et sua quæque,
Ut quondam occiderant, leti argumenta gerebant,
Errantes silva in magna et sub luce maligna
Inter harundineasque comas gravidumque papaver
Et tacitos sine labe lacus, sine murmure rivos.
Quorum per ripas nebuloso lumine marcent
Fleti, olim regum et puerorum nomina, flores!:
Mirator Narcissus et Œbalides Hyacinthus

Et Crocus auricomans et murice pictus Adonis
Et tragico scriptus gemitu Salaminius Æas!;
Omnia quæ lacrimis et amoribus anxia mæstis
Exercent memores obita iam morte dolores!:
Rursus in amissum revocant heroidas ævum.
Fulmineos Semele decepta puerpera partus
Deflet et ambustas lacerans per inania cunas
Ventilat ignavum simulati fulguris ignem.
Irrita dona querens, sexu gavisa virili,
Mæret in antiquam Cænis revocata figuram.
Vulnera siccat adhuc Procris Cephalique cruentam
Diligit et percussa manum. Fert fumida testæ
Lumina Sestiaca præceps de turre puella.
Et de nimboso saltum Leucate minatur
Harmoniæ cultus Eriphyle mæsta recusat,
Infelix nato nec fortunata marito.
Tota quoque æriæ Minoia fabula Cretæ
Picturarum instar tenui sub imagine vibrat.
Pasiphæ nivei sequitur vestigia tauri,
Licia fert glomerata manu deserta Ariadne.
Respicit abiectas desperans Phædra tabellas.
Hæc laqueum gerit, hæc vanæ simulacra coronæ!:
Dædaliæ pudet hanc latebras subiisse iuvencæ.
Præreptas queritur per inania gaudia noctes
Laudamia duas, vivi functique mariti.
Parte truces alia strictis mucronibus omnes
Et Thisbe et Canace et Sidonis horret Elissa,
Coniugis hæc, hæc patris et hæc gerit hospitis ensem.
Errat et ipsa, olim qualis per Latmia saxa
Endymioneos solita affectare sopores
Cum face et astrigero diademate Luna bicornis.
Centum aliæ veterum recolentes vulnera amorum
Dulcibus et mæstis refovent tormenta querellis.
Quas inter medias furvæ caliginis umbram
Dispulit inconsultus Amor stridentibus alis.
Agnovere omnes puerum memorique recursu
Communem sensere reum, quamquam umida circum

Nubila et auratis fulgentia cingula bullis
Et pharetram et rutilæ fuscarent lampados ignem!;
Agnoscunt tamen et vanum vibrare vigorem
Occipiunt hostemque unum loca non sua nactum,
Cum pigros ageret densa sub nocte volatus,
Facta nube premunt. Trepidantem et cassa parantem
Suffugia in cœtum mediæ traxere catervæ.
Eligitur mæsto myrtus notissima luco,
Invidiosa deum pœnis. Cruciaverat illic
Spreta olim memorem Veneris Proserpina Adonin,
Huius in excelso suspensum stipite Amorem
Devinctum post terga manus substrictaque plantis
Vincula mærentem nullo moderamine pœnæ
Afficiunt. Reus est sine crimine, iudice nullo
Accusatur Amor. Se quisque absolvere gestit,
Transferat ut proprias aliena in crimina culpas.
Cunctæ exprobrantes tolerati insignia leti
Expediunt!: hæc arma putant, hæc ultio dulcis,
Ut quo quæque perit studeat punire dolore.
Hæc laqueum tenet, hæc speciem mucronis inanem
Ingerit, illa cavos amnes rupemque fragosam
Insanique metum pelagi et sine fluctibus æquor.
Nonnullæ flammas quatiunt trepidæque minantur
stridentes nullo igne faces. Rescindit adultum
Myrrha uterum lacrimis lucentibus inque paventem
Gemmea fletiferi iaculatur sucina trunci.
Quædam ignoscentum specie ludibria tantum
Sola volunt, stilus ut tenuis sub acumine puncti
Eliciat tenerum, de quo rosa nata, cruorem
Aut pubi admoveant petulantia lumina lychni.
Ipsa etiam simili genetrix obnoxia culpæ
Alma Venus tantos penetrat secura tumultus.
Nec circumvento properans suffragia nato
Terrorem ingeminat stimulisque accendit amaris
Ancipites furias natique in crimina confert
Dedecus ipsa suum, quod vincula cæca mariti
Deprenso Mavorte tulit, quod pube pudenda

Hellespontiaci ridetur forma Priapi,
Quod crudelis Eryx, quod semivir Hermaphroditus.
Nec satis in verbis. Roseo Venus aurea serto
Mærentem pulsat puerum et graviora paventem.
Olli purpureum mulcato corpore rorem
Sutilis expressit crebro rosa verbere, quæ iam
Tincta prius traxit rutilum magis ignea fucum.
Inde truces cecidere minæ vindictaque maior
Crimine visa suo, Venerem factura nocentem.
Ipsæ intercedunt heroides et sua quæque
Funera crudeli malunt adscribere fato.
Tum grates pia mater agit cessisse dolentes
Et condonatas puero dimittere culpas.
Talia nocturnis olim simulacra figuris
Exercent trepidam casso terrore quietem.
Quæ postquam multa perpessus nocte Cupido
Effugit, pulsa tandem caligine somni
Evolat ad superos portaque evadit eburna.

GRIPHUS TERNARII NUMERI

Ausonius Symmacho

Latebat inter nugas meas libellus ignobilis!; utinamque latuisset neque indicio suo tamquam sorex periret. Hunc ego cum velut gallinaceus Euclionis situ chartei pulveris eruissem, excussum relegi atque ut avidus fænerator inprobum nummum malui occupare quam condere. Dein cogitans mecum, non illud Catullianum «!Cui dono lepidum novum libellum!», set amousoteron et verius «!!Cui dono inlepidum, rudem libellum!», non diu quæsivi. Tu enim occurristi, quem ego, si mihi potestas sit ex omnibus deligendi, unum semper elegerim. Misi itaque ad te hæc frivola gerris Siculis vaniora, ut, cum agis nihil, hæc legas et, ne nihil agas, defendas. Igitur iste nugator libellus, iam diu secreta quidem, sed vulgi lectione laceratus, perveniet tandem inmanus tuas. Quem tu aut ut Æsculapius redintegrabis ad vitam aut ut Plato iuvante Vulcano liberabis infamia, si pervenire non debet ad famam. Fuit autem ineptiolæ huius ista materia. In expeditione, quod tempus, ut scis, licentiæ militaris est, super mensam meam facta est invitatio, non illa de Rubrii convivio, ut Græco more biberetur, set illa de Flacci ecloga, in qua propter mediam noctem et novam lunam et Murenæ auguratum ternos ter cyathos attonitus petit vates. Hunc locum de ternario numero ilico nostra illa pœtica scabies cœpit excalpere, cuius morbi quoniam facile contagium est, utinam ad te quoque prurigo conmigret et fuco tuæ emendationis adiecto inpingas sphongiam, quæ inperfectum opus equi male spumantis absolvat. Ac ne me nescias gloriosum, cœptos inter prandendum versiculos ante cenæ tempus absolvi!: hoc est, dum bibo et paulo ante quam biberem. Sit ergo examen pro materia et tempore. Set tu quoque hoc ipsum paulo hilarior et dilutior lege!: namque iniurium est de pœta male sobrio lectorem abstemium iudicare. Neque me fallit fore aliquem, qui hunc iocum nostrum acutis naribus et caperata fronte condemnet negetque me omnia, quæ ad ternarium et novenarium numeros pertinent, attigisse. Quem ego verum dicere fatebor, iuste negabo. Quippe si bonus est, quæ omisi, non oblita mihi, sed præterita existimet. Dehinc qualiscumque est, cogitet secum, quam multa de his non repperisset, si ipse quæsisset. Sciat etiam me neque omnibus erutis usum et quibusdam oblatis abusum. Quam multa enim de ternario sciens neclego!: tempora et personas, genera et gradus, novem naturalia metra cum trimetris, totam grammaticam et musicam librosque medicinæ, ter maximum Hermen et amatorem primum philosophiæ Varronisque numeros, et quidquid profanum vulgus ignorat. Postremo, quod facile est, cum ipse multa invenerit, conparet se atque me, occupatum cum otioso, pransum cum abstemio, iocum et ludum meum diligentiam et calumniam suam. Alius enim alio plura invenire potest, nemo omnia. Quod si alicui et obscurus videbor, aput eum me sic tuebere!: primum eiusmodi epyllia, nisi vel obscura sint, nihil futura!; deinde numerorum naturam non esse scirpum, ut sine nodo sint. Postremo si etiam tibi obscurus fuero, cui nihil neque non lectum est neque non intellectum, tum vero ego beatus, quod affectavi, adsequar, me ut requiras, me ut desideres, de me cogites. Vale.

Griphus ternarii numeri

Ter bibe vel totiens ternos!: sic mystica lex est,
Vel tria potanti vel ter tria multiplicanti,
Inparibus novies ternis contexere cœbum.
Iuris idem tribus est, quod ter tribus, omnia in istis!:
Forma hominis cœpti plenique exactio partus
Quique novem novies fati tenet ultima finis.
Tris Ope progeniti fratres, tris ordine partæ,
Vesta, Ceres et Iuno, secus muliebre, sorores.
Inde trisulca Iovis sunt fulmina, Cerberus inde,
Inde tridens triplexque Helenæ cum fratribus ovum.
Ter nova Nestoreos implevit purpura fusos
Et totiens trino cornix vivacior ævo!:

Quam novies terni glomerantem sæcula tractus
Vincunt æripedes ter terno Nestore cervi!:
Tris quorum ætates superat Phœbeius oscen,
Quem novies senior Gangeticus anteit ales,
Ales cinnameo radiatus tempora nido.
Tergemina est Hecate, tria virginis ora Dianæ,
Tris Charites, tria fata, triplex vox, trina elementa.
Tris in Trinacria Sirenes, et omnia terna,
Tris volucres, tris semideæ, tris semipuellæ,
Ter tribus ad palmam iussæ certare Camenis,
Ore, manu, flatu!: buxo, fide, voce canentes.
Tris sophiæ partes, tria Punica bella, trimenstres
Annorum cælique vices noctisque per umbram
Tergemini vigiles. Ter clara instantis Eoi
Signa canit serus deprenso Marte satelles,
Et qui conceptus triplicatæ vespere noctis,
Iussa quater ternis adfixit opima tropæis.
Et lyrici vates numero sunt Mnemonidarum,
Tris solas quondam tenuit quas dextera Phœbi!:
Set Citheron totiens ternas ex ære sacravit
Relligione patrum, qui sex sprevisse timebant.
Trina Tarentino celebrata trinoctia ludo,
Qualia bis genito Thebis trieterica Baccho,
Tris primas Thræcum pugnas tribus ordine bellis
Iuniadæ patrio inferias misere sepulcro,
Illa etiam thalamos per trina ænigmata quærens,
Qui bipes et quadrupes foret et tripes, omnia solus,
Terruit Aoniam, volucris, leo, virgo, triformis
Sphinx, volucris pinnis, pedibus fera, fronte puella.
Trina in Tarpeio fulgent consortia templo.
Humana efficiunt habitacula tergenus artes!:
Parietibus qui saxa locat, qui culmine tigna,
Et qui supremo comit tectoria cultu.
Hinc Bromii quadrantal et hinc Sicana medimna!:
Hoc tribus, hæc geminis tribus explicat usus agendi.
In physicis tria prima, deus, mundus, data forma.
Trigenus omnigenum, genitor, genetrix, generatum.

Per trinas species trigonorum regula currit,
Æquilatus vel crure pari vel in omnibus inpar.
Tris coit in partes numerus perfectus, ut idem
Congrege ter terno per ter tria dissolvatur.
Tris primus par, impar habet mediumque!: sed ipse
Ut tris, sic quinque et septem quoque, dividit unus,
Et numero in toto positus sub acumine centri
Distinguit solidos cœbo pergente trientes,
Æquipares dirimens partes ex inpare terno.
Et paribus triplex medium, cum quattuor et sex
Bisque quaternorum secernitur omphalos idem.
Ius triplex, tabulæ quod ter sanxere quaternæ!:
Sacrum, privatum et populi commune quod usquam
Est. Interdictorum trinum genus!: unde repulsus
Vi fuero aut utrubi fuerit quorumve bonorum.
Triplex libertas capitisque minutio triplex.
Trinum dicendi genus est!: sublime, modestum,
Et tenui filo. Triplex quoque forma medendi,
Cui logos aut methodos cuique experientia nomen.
Et medicina triplex!: servare, cavere, mederi.
Tris oratorum cultus!: regnata Colosso
Quem Rhodos, Actææ quem dilexistis Athenæ
Et quem de scænis tetrica ad subsellia traxit
Prosa Asiæ, in causis numeros imitata chororum.
Orpheos hinc tripodes, quia sunt tria!: terra, aqua, flamma,
Triplex sideribus positus, distantia, forma.
Et modus et genetrix modulorum musica triplex!:
Mixta libris, secreta astris, vulgata theatris.
Martia Roma triplex equitatu, plebe, senatu.
Hoc numero tribus et sacro de monte tribuni.
Tris equitum turmæl, tria nomina nobiliorum.
Nomina sunt chordis tria, sunt tria nomina mensi.
Geryones triplices, triplex conpago Chimæræ,
Scylla triplex, conmissa tribus!: cane, virgine, pisce.
Gorgones Harpyiæque et Erinyes agmine terno
Et tris fatidicæ, nomen commune, Sibyllæ,
Quarum tergemini, fatalia carmina, libri,

Quos ter quinorum servat cultura virorum.
Ter bibe. Tris numerus super omnia, tris deus unus.
Hic quoque ne ludus numero transcurrat inerti,
Ter decies ternos habeat deciesque novenos.

CENTO NUPTIALIS

Ausonius Paulo sal.

Perlege hoc etiam, si operæ est, frivolum et nullius pretii opusculum, quod nec labor excudit nec cura limavit, sine ingenii acumine et moræ maturitate. Centonem vocant, qui primi hac concinnatione luserunt. Solæ memoriæ negotium sparsa colligere et integrare lacerata, quod ridere magis quam laudare possis. Pro quo, si per Sigillaria in auctione veniret, neque Afranius naucum daret neque ciccum suum Plautus offeret. Piget equidem Vergiliani carminis dignitatem tam ioculari dehonestasse materia. Sed quid facerem!? Iussum erat, quodque est potentissimum imperandi genus, rogabat qui iubere poterat. Sanctus imperator Valentinianus, vir meo iudicio eruditus, nuptias quondam eiusmodi ludo descripserat, aptis equidem versibus et compositione festiva. Experiri deinde volens, quantum nostra contentione præcelleret, similc nos de eodem concinnare præcepit. Quam scrupulosum hoc mihi fuerit, intellege. Neque anteferri volebam neque posthaberi, cum aliorum quoque iudicio detegenda esset adulatio inepta, si cederem, insolentia, si ut æmulus eminerem. Suscepi igitur similis recusanti feliciterque et obnoxius gratiam tenui nec victor offendi. Hoc tum die uno et addita lucubratione properatum modo inter liturarios meos cum repperissem, tanta mihi candoris tui et amoris fiducia est, ut severitati tuæ nec ridenda subtraherem. Accipe igitur opusculum de inconexis continuum, de diversis unum, de seriis ludicrum, de alieno nostrum, ne in sacris et fabulis aut Thyonianum mireris aut Virbium, illum de Dionyso, hunc de Hippolyto reformatum. Et si pateris, ut doceam docendus ipse, cento quid sit absolvam. Variis de locis sensibusque quædam carminis structura solidatur, in unum versum ut cœant aut cæsi duo aut unus et sequens cum medio, nam duos iunctim locare ineptum est et tres una serie meræ nugæ. Diffinduntur autem per cæsuras omnes, quas recipit versus heroicus, convenire ut possit aut penthemimeris cum reliquo anapæstico aut trochaice cum posteriore segmento aut septem semipedes cum anapæstico chorico aut post dactylum atque semipedcm quidquid restat hexametro, simile ut dicas ludicro, quod Græci ostomachion vocavere. Ossicula ea sunt!: ad summam quattuordecim figuras geometricas habent. Sunt enim æqualiter triquetra vel extentis lineis vel frontis, angulis vel obliquis!: isoskele ipsi vel isopleura vocant, orthogonia quoque et skalena. Harum verticularum variis coagmentis simulantur species mille formarum!: helephantus belua aut aper bestia, anser volans et mirmillo in armis, subsidens venator et latrans canis, quin et turris et cantharus et alia huiusmodi innumerabilium figurarum, quæ alius alio scientius variegant. Sed peritorum concinnatio miraculum est, imperitorum iunctura ridiculum. Quo prædicto scies, quod ego posteriores imitatus sum. Hoc ergo centonis opusculum ut ille ludus tractatur, pari modo sensus diversi ut congruant, adoptiva quæ sunt ut cognata videantur, aliena ne interluceant, arcessita ne vim redarguant, densa ne supra modum protuberent, hiulca ne pateant. Quæ si omnia ita tibi videbuntur, ut præceptum est, dices me composuisse centonem et, quia sub imperatore meo tum merui, procedere mihi inter frequentes stipendium iubebis!: sin aliter, ære dirutum facies, ut cumulo carminis in fiscum suum redacto redeant versus, unde venerunt. Vale.

PRÆFATIO

Accipite hæc animis!: lætasque advertite mentes,   Æ, 5
Ambo animis, ambo insignes præstantibus armis,   Æ, 11
Ambo florentes, genus insuperabile bello!;   B, 7
Tuque prior (nam te maioribus ire per altum   Æ, 6
Auspiciis manifesta fides), quo iustior alter
Nec pietate fuit nec bello maior et armis,
Tuque puerque tuus, magnæ spes altera Romæ,   Æ, 4
Flos veterum virtusque virum, mea maxima cura,   Æ, 8
Nomine avum referens, animo manibusque parentem.   Æ, 12
Non iniussa cano. Sua cuique exorsa laborem   Æ, 6
Fortunamque ferent!: mihi iussa capessere fas est.

CENA NUPTIALIS

Exspectata dies aderat dignisque hymenæis	Æ, 5
Matres atque viri, iuvenes ante ora parentum	Æ, 6
Conveniunt stratoque super discumbitur ostro.	Æ, 1
Dant famuli manibus lymphas onerantque canistris	
Dona laboratæ Cereris pinguisque ferinæ	
Viscera tosta ferunt. Series longissima rerum!:	Æ, 8
Alituum pecudumque genus capreæque sequaces	Æ, 8
Non absunt illic neque oves hædique petulci	G, 3
Et genus æquoreum, dammæ cervique fugaces.	G, 3
Ante oculos interque manus sunt mitia poma.	Æ, 11
Postquam exempta fames et amor compressus edendi,	Æ, 8
Crateras magnos statuunt Bacchumque ministrant.	Æ, 1
Sacra canunt, plaudunt choreas et carmina dicunt.	Æ, 2
Nec non Thræicius longa cum veste sacerdos	Æ, 6
Obloquitur numeris septem discrimina vocum.	
At parte ex alia biforem dat tibia cantum.	Æ, 10
Omnibus una quies operum cunctique relictis	G, 4
Consurgunt mensis, per limina læta frequentes	
Discurrunt variantque vices, populusque patresque,	Æ, 9
Matronæ, pueri, vocemque per ampla volutant	Æ, 11
Atria!: dependent lychni laquearibus aureis.	

DESCRIPTIO EGREDIENTIS SPONSÆ

Tandem progreditur Veneris iustissima cura,	Æ, 4
Jam matura viro, iam plenis nubilis annis,	Æ, 7
Virginis os habitumque gerens, cui plurimus ignem	
Subjecit rubor et calefacta per ora cucurrit,	Æ, 1
Intentos volvens oculos, uritque videndo.	Æ, 7
Illam omnis tectis agrisque effusa iuventus	Æ, 7
Turbaque miratur matrum. Vestigia primi	
Alba pedis, dederatque comam diffundere ventis.	

Fert picturatas auri subtemine vestes,	Æ, 3
Ornatus Argivæ Helenæ!: qualisque videri	Æ, 1
Cælicolis et quanta solet Venus aurea contra,	
Talis erat species, talem se læta ferebat	Æ, 6
Ad soceros solioque alte subnixa resedit.	Æ, 2

DESCRIPTIO EGREDIENTIS SPONSI

At parte ex alia foribus sese intulit altis	Æ, 10
Ora puer prima signans intonsa iuventa,	Æ, 9
Pictus acu chlamydem auratam, quam plurima circum	
Purpura mæandro duplici Melibœa cucurrit,	
Et tunicam, molli mater quam neverat auro!:	Æ, 10
Os umerosque deo similis lumenque iuventæ.	Æ, 1
Qualis, ubi oceani perfusus Lucifer unda,	Æ, 8
Extulit os sacrum cælo!: sic ora ferebat,	
Sic oculos, cursuque amens ad limina tendit.	
Illum turbat amor figitque in virgine vultus!:	Æ, 12
Oscula libavit dextramque amplexus inhæsit.	Æ, 1

OBLATIO MUNERUM

Incedunt pueri pariterque ante ora parentum	Æ,, 5
Dona ferunt, pallam signis auroque rigentem,	
Munera portantes, aurique eborisque talenta	Æ, 11
Et sellam et pictum croceo velamen acantho,	
Ingens argentum mensis colloque monile	Æ, 1
Bacatum et duplicem gemmis auroque coronam.	
Olli serva datur geminique sub ubere nati!:	Æ, 5
Quattuor huic iuvenes, totidem innuptæque puellæ!:	Æ, 10
Omnibus in morem tonsa coma!; pectore summo	Æ, 5
Flexilis obtorti per collum circulus auri.	

EPITHALAMIUM UTRIQUE

Tum studio effusæ matres ad limina ducunt!;	Æ, 12
At chorus æqualis, pueri innuptæque puellæ,	G, 4
Versibus incomptis ludunt et carmina dicunt!:	G, 2
«!!O digno coniuncta viro, gratissima coniunx,	B, 8
Sis felix, primos Lucinæ experta labores	Æ, 1
Et mater. Cape Mæonii carchesia Bacchi,	G, 4
Sparge, marite, nuces, cinge hæc altaria vitta,	B, 8
Flos veterum virtusque virum!: tibi ducitur uxor,	Æ, 8
Omnes ut tecum meritis pro talibus annos	Æ, 1
Exigat et pulchra faciat te prole parentem.	
Fortunati ambo, si quid pia numina possunt,	Æ, 9
Vivite felices!». Dixerunt «!!currite!» fusis	Æ, 3
Concordes stabili fatorum numine Parcæ.	

INGRESSUS IN CUBICULUM

Postquam est in thalami pendentia pumice tecta	G, 4
Perventum, licito tandem sermone fruuntur.	
Congressi iungunt dextras stratisque reponunt.	Æ, 8
At Cytherea novas artes et pronuba Iuno	Æ, 7
Sollicitat!: suadetque ignota lacessere bella.	Æ, 11
Ille ubi complexu molli fovet, atque repente	Æ, 1
Accepit solitam flammam lectumque iugalem!:	
«!O virgo, nova mi facies, gratissima coniunx,	Æ, 6
Venisti tandem, mea sola et sera voluptas.	Æ, 6
O dulcis coniunx, non hæc sine numine divum	Æ, 2
Proveniunt. Placitone etiam pugnabis amori!?!»	Æ, 12
Talia dicentem jamdudum aversa tuetur!;	Æ, 4
Cunctaturque metu, telumque instare tremiscit!;	Æ, 12
Spemque metumque inter funditque has ore loquellas!:	Æ, 1
«!Per te, per, qui te talem genuere, parentes,	Æ, 10
O formose puer, noctem non amplius unam	B, 2

Hanc tu, oro, solare inopem et miserere precantis.	Æ, 9
Succidimus!: non lingua valet, non corpore notæ	Æ, 12
Sufficiunt vires, nec vox aut verba secuntur!!».	
Ille autem!: «!causas nequiquam nectis inanes!!»,	Æ, 9
Præcipitatque moras omnes solvitque pudorem.	Æ, 12

PARECBASIS

Hactenus castis auribus audiendum mysterium nuptiale ambitu loquendi et circuitione velavn Verum quoniam et Fescenninos amat celebritas nuptialis verborumque petulantiam notus vetere instituto ludus admittit, cetera quoque cubiculi et lectuli operta prodentur, ab eodem auctore collecta, ut bis erubescamus, qui et Vergilium faciamus impudentem. Vos, si placet, hic iam legendi modum ponite!: cetera curiosis relinquite.

IMMINUTIO

Postquam congressi sola sub nocte per umbram	Æ, 11
Et mentem Venus ipsa dedit, nova prœlia temptant.	G, 3
Tollit se arrectum!: conantem plurima frustra	Æ, 10
Occupat os faciemque, pedem pede fervidus urget,	Æ, 10
Perfidus alta petens!: ramum, qui veste latebat,	Æ, 7
Sanguineis ebuli bacis minioque rubentem	B, 10
Nudato capite et pedibus per mutua nexis,	Æ, 12
Monstrum horrendum, informe, ingens, cui lumen ademptum	
Eripit a femine et trepidanti fervidus instat.	Æ, 10
Est in secessu, tenuis quo semita ducit,	Æ, 1
Ignea rima micans!: exhalat opaca mephitim.	Æ, 8
Nulli fas casto sceleratum insistere limen.	Æ, 6
Hic specus horrendum!: talis sese halitus atris	Æ, 7
Faucibus effundens nares contingit odore.	
Huc iuvenis nota fertur regione viarum	Æ, 11

Et super incumbens nodis et cortice crudo   Æ, 5
Intorquet summis adnixus viribus hastam.
Hæsit virgineumque alte bibit acta cruorem.   Æ, 11
Insonuere cavæ gemitumque dedere cavernæ.   Æ, 2
Illa manu moriens telum trahit, ossa sed inter   Æ, 11
Altius ad vivum persedit vulnere mucro.   G, 3
Ter sese attollens cubitoque innixa levavit,   Æ, 4
Ter revoluta toro est. Manet imperterritus ille!;
Nec mora nec requies!: clavumque affixus et hærens   Æ, 5
Nusquam amittebat oculosque sub astra tenebat.
Itque reditque viam totiens uteroque recusso   Æ, 6
Transadigit costas et pectine pulsat eburno.   Æ, 9
Jamque fere spatio extremo fessique sub ipsam   Æ, 5
Finem adventabant!: tum creber anhelitus artus
Aridaque ora quatit, sudor fluit undique rivis,
Labitur exsanguis, destillat ab inguine virus.   Æ, 11

EXHORDO

Contentus esto, Paule mi,
Lasciva, Paule, pagina!:
Ridere, nil ultra expeto.

Sed cum legeris, adesto mihi adversum eos, qui, ut Iuvenalis ait, «!Curios simulant et Bacchanalia vivunt!», ne fortasse mores meos spectent de carmine. «!Lasciva est nobis pagina, vita proba!», ut Martialis dicit. Meminerint autem, quippe eruditi, probissimo viro Plinio in pœmatiis lasciviam, in moribus constitisse censuram, prurire opusculum Sulpiciæ, frontem caperare, esse Appuleium in vita philosophum, in epigrammatis amatorem, in præceptis omnibus exstare Tullii severitatem, in epistulis ad Cærelliam subesse petulantiam, Platonis Symposion composita in ephebos epyllia continere. Nam quid Anniani Fescenninos, quid antiquissimi pœtæ Lævii Erotopægnion libros loquar!? Quid Evenum, quem Menander sapientem vocavit!? Quid ipsum Menandrum!? Quid comicos omnes!? Quibus severa vita est et læta materia. Quid etiam Maronem Pharthenien dictum causa pudoris, qui in octavo Æneidos, cum describeret coitum Veneris atque Vulcani, aischrosemnian decenter immiscuit!? Quid!? In tertio Georgicorum de summissis in gregem maritis nonne obscenam significationem honesta verborum translatione velavit!? Et si quid in nostro ioco aliquorum hominum severitas vestita condemnat, de Vergilio arcessitum sciat. Igitur cui hic ludus noster non placet, ne legerit, aut cum legerit obliviscatur, aut non oblitus ignoscat. Etenim fabula de nuptiis est!: et velit nolit aliter hæc sacra non constant.

VENANCE FORTUNAT

Poèmes sur la Moselle

Environ deux cents ans après Ausone, un autre poète, qui, par la tournure ingénieuse de son esprit et la négligente facilité de sa versification, n'est pas sans rapport avec lui, et qui devait, comme lui, à sa muse la faveur dont il jouissait auprès des princes et des personnages les plus illustres de son temps, Venantius Fortunatus, a célébré aussi les rives verdoyantes, les eaux poissonneuses de la Moselle et ses coteaux plantés de vignes. L'éloge de ce fleuve revient plusieurs fois dans ses vers, et ses vers ne sont pas indignes d'être rapprochés de ceux d'Ausone. Un jour, pour amener les louanges de Villicus, évêque de Metz, il commence par chanter celles de la Moselle et de ses bords (I., c. 14, édit. de Luchi, *Rome*, 1786).

> Gurgite cæruleo pelagus Musella relaxat,
> Et movet ingentes molliter amnis aquas.
> Lambit odoriferas vernanti gramine ripas,
> Et lavat herbarum leniter unda comas.
> Hine dextra de parte fluit qui Salia fertur,
> Flumine sed fluctuus pauperiore trahit.
>   Hic ubi perspicuis Musellam cursibus intrat,
> Alterius vires implet, et ipse perit.
> Hoc Mettis fundata loco speciosa, coruscans.
> Piscibus obsessum gaudet utrumque latus.
> Deliciosus ager ridet vernantibus arvis!:
> Hinc sata culta vides, cernis et inde rosas.
> Prospicis umbroso vestitos palmite colles!;
> Certatur varia fertilitate locus.

«!Dans son gouffre azuré, la Moselle déchaîne un océan, et roule mollement de grandes eaux. Elle caresse le gazon printanier qui parfume ses rives, et baigne, en l'effleurant de son onde, la chevelure des prairies. A sa droite coule un fleuve appelé *Salia* (la Seille), mais qui traîne en son cours de plus pauvres vagues. Ses flots transparents pénètrent dans la Moselle!: il accroît ainsi la force de l'autre, et périt lui-même. Fondée en ce lieu, majestueuse, éclatante, Mettis (Metz) est fière des poissons qui, de part et d'autre, assiègent ses flancs. Son délicieux paysage s'égaye des champs qui fleurissent!: ici vous contemplez des guérets en culture, là vous voyez des roses, et devant vous des coteaux que le pampre revêt de son ombrage!: tous les produits se disputent ces fertiles campagnes.!»

Un autre jour, il demande aux nuages des nouvelles de Gogon, son ami (I. VII, c. 4)!:

> Nubila, quæ, rapido perflante Aquilone, venitis,
> Pendula sidereo quæ movet axe rota,
> Dicite qua vegetet carus mihi Gogo salute,
> Quid placidis rebus mente serenus agat!?
> Si prope fluctivagi remoratur litora Rheni,
> Ut salmonis adeps rete trahatur aquis!;
> Aut super uviferæ Musellæ obambulat amnem,
> Quo levis ardentetem temperet aura diem,
> Pampinus et fluvius médios ubi mitigat æstus,
> Vitibus umbra rigens, fluctibus unda recens, etc.

«!Nuages, qui venez à moi, poussés par le souffle rapide de l'Aquilon, vous que la rotation de l'axe étoilé entraîne suspendus dans l'espace, dites-moi quelle est la santé de Gogon qui m'est si cher, ce qu'il fait pendant que le calme des affaires lui laisse la sérénité de son âme. Dites s'il séjourne près des rives du Rhin aux flots vagabonds, pour tirer des eaux, dans son filet, le saumon charnu, ou s'il se promène sur le sein de la Moselle qui nourrit la vigne, afin qu'une brise légère tempère pour lui les ardeurs du jour, là où le pampre et le fleuve adoucissent les feux du midi, la vigne par son frais ombrage, l'onde par ses vagues toujours nouvelles.!»

Enfin, dans deux autres pièces (I. III, c. 12, et I. X. c., 10), desti- nées, l'une à décrire un château construit sur la rive par S.!Nizier, évê- que de Trèves, l'autre à raconter un voyage qu'il fit sur la Moselle, depuis Metz jusqu'à Coblentz, à l'invitation de Childebert, roi d'Austrasie, il s'étend avec complaisance, et avec un certain luxe de poésie, sur les richesses et les beautés du fleuve!; il rencontre en pas- sant les ruines de Trèves, tant de fois saccagée par les barbares depuis Gratien, et il montre cette ville, qui n'est plus le trône des empereurs, *Trevericæque urbis solium*, comme disait Ausone, restée pourtant no- ble et grande encore entre toutes les villes, grâce aux libérales magni- ficences de ses évêques et à l'utile voisinage de son fleuve.

TABLE DES MATIERES